金牌交易员的36堂课

认知投机市场中的荒诞行为，不做
投机市场的迷途羔羊

冷风树◎著

北方联合出版传媒（集团）股份有限公司

万卷出版公司
VOLUMES PUBLISHING COMPANY

ⓒ 冷风树 2010

图书在版编目（CIP）数据

金牌交易员的 36 堂课：认知投机市场中的荒诞行为，
不做投机市场的迷途羔羊／冷风树著. －－ 沈阳：万卷
出版公司，2010.4
（引领时代）
ISBN 978-7-5470-0817-1

Ⅰ．①金… Ⅱ．①冷… Ⅲ．①股票—证券交易—基本
知识 Ⅳ．① F830.91

中国版本图书馆 CIP 数据核字（2010）第 049301 号

出 版 者	北方联合出版传媒（集团）股份有限公司
	万卷出版公司（沈阳市和平区十一纬路 29 号 邮政编码 110003）
联系电话	024-23284090　　邮购电话 024-23284627
电子信箱	vpc_tougao@163.com
印 刷	北京天来印务有限公司
经 销	各地新华书店发行
成书尺寸	165mm × 245mm　印张 15.5
版 次	2010 年 8 月第 1 版　2010 年 8 月第 1 次印刷
责任编辑	赵旭　　　　字数 200 千字
书 号	ISBN 978-7-5470-0817-1
定 价	42.00 元

不要问哪种类型的人一定能成功，你应该问哪种类型的人最容易成功。

市场经济的挤兑，导致很多技艺不精的人四处泛滥，降低了投机市场的品位，同时也让很多本来能够做好交易的人，利欲熏心，变得浮躁起来，就像杂草的生长使周围的花朵也逐渐失去了养分和光泽。

天真的人们总是相信，市场中存在一些具有超凡预测能力的投机高手，也相信市场中一定有某种方法能够精确地预测未来的行情走势。而中国投机市场中最大的骗局就是所谓的"精准预测"和"一击即中"。言下之意就是：要能够准确预测市场的走向，看准机会，满仓进出。甚至还有一些投机者大言不惭地宣扬他们发现了或发明出某种能够精准预测股市未来最高点和最低点的秘诀，只要按照他们的信号要求，满仓进出，就可以轻松获利了。

这是多么令人啼笑皆非的交易方法啊。在投机市场中利用他们所谓的秘诀预测后市，是一件多么不靠谱的事。因为投机市场本身就是不可预测的，也没必要预测。在投机市场能不能获利的关键不是预测，而是要看出门道，发现线索，并严格信守自己的交易规则。事情看得越透彻，判断的结果就越准确。深入其里，看到本质，正是准确决断的精髓。而交易规则则会保证你的所有交易都是理性的、合理的，始终与市场的步调一致。

据我所知，世界上最成功的投机大师都不崇尚预测，如果你问一下他们后市的走势，他们会毫不含糊地告诉你他们不知道。这其中包括大名鼎鼎的沃伦·巴菲特和乔治·索罗斯，甚至被世界公认为世界经济的把脉人——前美联储主席艾伦·格林斯潘也是如此告诫投机者："人们总是试图对各种可能的结果作出预测，但结果却总与现实相差甚远。"别忘了，他们可是当今世界上最成功的极少部分人士，也是对整个市场最了解和知道得最多的人。除非你认为，你比他们知道得还多，比他们还了解市场。

在我看来，很多预测理论，都混入了一些数学概念，只不过在冒充科学罢了。他们除了符合了创作者思想上的理论要求和精神上的理论需求之外，根本就不是针对真实的交易需要、直接专用于投机交易的实战技能，所以根本就称不上理论。

从实用情况来看，他们中的大多数预测理论都掺入了大量的象征性东西（信号，符号），而这些信号在实际应用中根本就无关紧要，只能保留在理念的层面。

在他们的想象中，机会应该会清楚分明地以某种形式出现，然后他们就可以快速地一击即中。然而事实证明，市场的多变性，让很多机会神出鬼没，当你认为机会来到了的时候，实际上机会已经过去了一大半。当他们认为某种信号出现了，市场应该下跌时，结果却上涨了。所以，不同的理论总会给出不同的结果，不同的医生可以开出完全不同的药方，不同的根据也会得出不同的结论。

实际上，投机就像治病一样，不可能提前预测到病人的疾病，然后开好方子等病人来。一切都是投机者根据自己的交易计划和市场知识，临场发挥，与任何性质的预测都无关系。

所以，在这本书中，我将试图通过全面地解析人性、解析市场，以还原市场和投机的本来面目，详细地解说投机市场中的各种现象和解决这些问题的方法。

书中所描述的都属于我个人对市场的一些认识，难免有不妥之处，希望能够得到广大读者的指正，也希望各位前辈能够不吝赐教。

最后感谢张道军先生在本书写作过程中所给予的极大帮助，也对智品书业和万卷出版社的各位同仁的努力付出，谨致衷心的感谢。

冷风树

2009年10月30日于山东乳山

目　录
CONTENTS

金牌交易员的36堂课
认知投机市场中的荒诞行为，不做投机市场的迷途羔羊

上　篇
冲出非理性的迷雾　做一个聪明而理性的投机者

下　篇

认知市场中的各种谬误　重塑正确的市场分析理念

上篇

—— Part 1 ——

冲出非理性的迷雾

做一个聪明而理性的投机者

第1堂课

Lecture 1

点金人物引人追捧，追随他们你却颗粒无收。投机者通常都会把市场中那些"茁壮的麦子"当成是股神。

长寿会有一百个理由，但却没有一个适合你。一片麦子中的最茁壮者，并没有研究与借鉴的价值。然而，大多数投机者都在研究和效仿投机市场中的那些"最茁壮的麦子"。

我自始至终都认为，一个人是不是长寿，关键取决于其本身的体质和所处的环境以及如何预防疾病的发生，因为人类众多的死亡事实告诉我们，他们并非是自然老死，很多情况之下是因疾病而死。

然而，我们再回想一下我们所居住的地方，总有一些年长者能够长命百岁，他们老态龙钟，但却精神矍铄。问一下他们有什么长寿的秘诀，他们会告诉你是因为为人乐观，待人豁达，凡事都要往好处想，做人要开心。

再到第二个村子，第二个长寿的人会告诉你，应该少吃肉，多吃素，加强体育锻炼。

再到第三个村子，第三个长寿的人会告诉你，早睡早起，并减少房欲。

再到第四个村子……

总之，还会有很多不同的长寿秘方。

但是归纳一下他们的说法，你会发现日本人的长寿秘方和中国人的长寿秘方有很多不同，一百个长寿的人总会有一百个长寿的方法。一个喜欢体育锻炼的人会告诉你，要长寿就应该加强锻炼；一个喜欢美食的人会告诉你，应该多吃一些低胆固醇的健康食品；如果你去问一个喜欢钓鱼的人，他会告诉你要排除杂念，心静如水地对待人生的每一天；如果我们再到那些遥远而偏僻的山庄去询问一下，他们的回答必定又会让人出乎意料。

难道上面的这些方法真的就是我们苦苦寻找的长寿秘诀吗？很显然，它们都是真正的长寿秘方，但也只不过是一种倾向于个人兴趣的生活方式而已。他们所告诉你的只不过是自己的生活经历和生活规律而已，可能与长寿有关，也可能无关，没有什么刻意创新。然而，如果我们再继续询问其他长寿的人，我们还会发现新的长寿秘方，并且我们还会发现这些各种各样的秘方中会有一些是相同和相近的，于是我们就会把这些相同和相近的方面摘录下来，当成"长寿之歌"来不断传唱。

虽然，我们所归纳出的这些"长寿之歌"的确会起到一定的积极作用，让我们的身心愉悦，让我们的体格健壮。然而，有时候我们则会发现，锻炼只能增强体质，让我们变得更加健康，能不能长寿有时候取决于医生，因为我们也曾见过很多没有刻意锻炼的老人反而比那些经常锻炼的体育爱好者更长寿。换言之，"长寿之歌"可以让人延年益寿，但并不能决定一个人是否长寿。事情有时候就是这么矛盾。

当然，你也不必急着否定我的说法或认同我的说法，我并不是在否定运动和锻炼的功效，只要你能够耐着性子将本章中的内容看完，你就会知道我要说明的意思。

我曾经坐在麦田地边上不断地思考，为什么同样是一块土地里的麦子，有些麦子就会长得很高，而有些麦子却长得很矮。那些高一点的麦子为什么会长得很高，而那些长得矮的麦子为什么长得很矮？是因为他们"努力地生长"和"不努力地生长"导致的高矮差距？我甚至在想，如果我将这些高一点的麦子摘下来，然后留成种子，明年还将它们种到这块地里，那我种的麦子岂不都会是很高的麦子？最终我发现，用这种方法不断地循环下来，的确会有一定的改观，它会让你的麦子多收获一点，但却并不能永不停止地继续长高、继续多收获。换言之，当这种方法循环到一定的时候，增高和增产的现象就停止了。而能让我们的麦子多收获的关键也只不过是因为那些长得高的麦子籽粒饱满罢了，即使他们都是最饱满的种子，到最后依然有高矮之分，并且最终这些麦子依然会与先前的麦子没有什么明显的差别。

最高的那颗麦子，是不是有其他的原因？是不是应该研究一下，以便让更多的麦子都长这么高？

答案同样是否定的，因为无论如何，一片麦田中总会有一些麦子是非常高的，就像人的个头，即便是所有的人吃的饭都是一样的，依然也会有高矮胖瘦之分，这不是刻意人为控制的，这一部分是天生的。充足的营养就像是给庄稼施肥，的确可以增强人的体质，甚至提高人的生长机能，让青少年的身体骨骼更好地发育，但却无法消灭高矮的差别。

于是这让我想到，原来，一片麦子是否能够茁壮成长，很大一部分来自于种子自身的优劣，一粒种子成熟饱满，自然就能茁壮成长，比那些秕种子高大壮硕。换句话说，那些能够茁壮成长的麦子，大多数都是"天生"的。当然虽然说是棵苗子就能成长，但土地肥沃才能更加茁壮，施肥和优良的播种技术，能够使那些种子的成长达到最佳状态。然而，想要依赖有限的方法，无论你如何改良播种技术，想要一片麦子长到玉米那么高，却是不可能的。这和体育中的营养搭配科学是一致的。因为即使你给一个矮个子的人吃再多的营养品，他也不可能长成姚明那么高。

我们继续来说这一片麦子。

当到了收获的季节，我们并不打算去收割麦子，我们让它们自行枯萎，最终我们会发现什么？

我们发现所有的麦子并不是同一天枯萎，而是有一些会先枯萎，有一些是最后才枯萎的，并且总会有那么一小部分，在别的麦子全部枯萎之后，它们的秸秆上还能够挂着一丁点的绿色。我们暂且称它们是"长寿的麦子"。

我们继续来研究这些"长寿的麦子"，看一看能不能让所有的麦子都这样长寿，比别的田里的麦子长寿。

我们采用这一部分麦子来做种子，然后科学地施肥播种，但得出来的结果却让我们大失所望。

答案是：不能。

这的确令人失望，一片麦子中的茁壮者，并没有研究和模仿的价值，一切取决于种子自身的好坏和土地是否肥沃以及当年是否风调雨顺。但无论环境的变化如何，总会有一部分麦子长得比别的好，这是自然天成的，毋庸置疑。

这让我不禁联想到，在投机市场中，是否也是这样？很多成就斐然的投机者是不是也只是一些"长寿的麦子"，他们是否值得跟随效仿？

在投机市场中，我们总会看到众多的投机者往往会对点金人物顶礼膜拜，他们根本就不像投机者，而更像是追星族。但我必须要告诉你的是，如果你想在投机市场中立足长远，大显伸手，你大可不必如此。

因为通过我们上面对最"茁壮的麦子"和"长寿的麦子"的解释，你应该知道，在众多的投机者当中，无论市场如何总会有一些人会赚到钱的，甚至有一些人还会连续获利，这是一种必然。但是所有的人都会认为自己是能力所致，然而我们不得不承认，他们其中的大部分都是"茁壮的麦子"和"长寿的麦子"，没有一定的科学性，也没有可学习的东西，他们只不过是在告诉你那样过来了而已，所以他们所谓的方法也根本不是什么成功的法则，那只不过是一种经历而已。就像一棵麦子，它是否会认为自己长得最高、自己枯萎得最晚完全是因为自己在努力地生长和努力地锻炼？

请不要急着否定我的话，我们继续往下解释。

在投机市场中，因为自然的规律，总会出现一些赚大钱的人，但是他们其中有很大一部分都只不过是一些自然的产物，即，有很多赚到钱的人，只不过是因为资金充足而又赶上了好时机，大秀了一把而已，只要风向一转，他们依然会再一次跌入谷底。之所以很多人并没有打回原形，是因为他们多了一份警惕，虽然他们的水平并不怎么高，但因为他们在先前赚了不少钱，所以经得起折腾了，并从中提高自己的投机技能，让自己多吸收了一些"养分"，所以他们就比别人成长得更加茁壮一些。

然而有很多"茁壮的麦子"却并没有如此，我们通常可以看到的是，那些紧跟点金人物，企图摆脱学习负累的人，到最后跟着他们的偶像一起坠落了，最终依然颗粒无收。

我们不得不冷静地思考一下，投机市场大佬辈出，名人尤如过江之鲫，相继引领风骚，各种狂人奇言、牛人行事，一言一行更受各界关注，然而又有几人得益于此？

因为现实告诉我们，市场总是风水轮流转，他们都只不过是一些籽粒饱满的种子，遇到了风调雨顺的好年头罢了，于是他们就自负地认为这完全是自己的本事所致。而众多无知且又急功近利的人则在这种假象的迷惑下加剧了这种成功的神秘性，人人都认为有秘方存在，人人都热切希望追随"股神"，但现实却一次又一次地打破了这些人的美梦，因为至今为止，也没有几个点金人物能够屹立不倒。

这不由的让我有了另一个想法——股市中是不是没有寿星，我们是不是没有取胜的可能？

答案当然是否定的！

那我们应该怎样做？

还记得我们在上面谈到的"长寿之歌"吗？那些人虽然

并非是因为自己的努力而长寿，但他们至少告诉了我们他们是怎样过来的，以及他们都经历了些什么。多多了解并研究这样的人，你就能够总结出他们之间的一些相同之处，然后将这些相同之处记录下来，应用到自己的交易之中。但是这些必须是你自己亲自研究并记录，而不是由别人转告给你的。换句话说，你必须要亲自去研究那些长寿的人，并亲自记录对比，如果你为了图省事而道听途说，那你依然不会得到真正的"长寿之歌"。因为你必须要自己生长，自己去取得自身所需要的养分，我从来就没有看到哪一个让他人代劳学习的读书人，最后可以考上大学的。

所以过分崇拜一个人，会让人失去辨别是非的能力，崇拜但不迷信才是聪明之举。

投机市场名人辈出，让众多的投机者顶礼膜拜，甚至进入不辨是非一味迷信的境地，更有甚者因为崇拜而甘愿将自己置身于某一名流的门下，并见不得别人说出半句相反的看法。他们的反对不是因为对方说的不对，而是不分青红皂白地维护自己心目中的偶像。换言之，这就是一种不理性的崇拜和对抗。

各大证券媒体的版面上，时不时地出现一些所谓的专家，不断地向人们展示自己对市场的各种观点和看法，并且每一个观点和看法都饱含逻辑、论据充分，然而，现实却让我们看到了另一番风景，那就是这些所谓专家的言论鲜有与现实吻合的，即便是有某一两个人的看法与现实吻合了，但却无法持续下去。换句话说，几乎没有一个专家的建议和市场评价是对投机者真正有价值的。

可是为什么会有那么多的投机者依然喜欢风起云涌地跟着专家的意见走？

这主要是因为太多的投机者自己对市场不够了解、知识缺乏，但又急功近利，所以就诱发了他们的投机取巧之心，放弃了自己的原则，并在羊群效应的带动下，义无反顾地加入到群羊之中。

所以在投机市场中，我们通常会看到那些缺乏主见的投机者，非常容易受人煽动，这类投机者因为没有明确的偏好趋向，购买股票时总是热衷于专家的意见，并且乐意依照专家的指点和推荐购买股票。当然，有时候他们可能会赚到一些钱，但我们却很难看到他们能够持久地赚钱，最终他们依然难以摆脱亏损的命运。

我曾经就有这样一个朋友，在他亏损40%的时候，他开始相信股评，相信财经人士所谓的预测，并且还相信那些专家所开发的交易软件可以让他稳定获利。

我曾经劝阻过他，在投机市场中获利，要靠你自己的研究和实践，你现在需要的不是专家的意见和炒股软件，而是缺乏知识。你要想成为"茁壮的麦子"必须要自己吸收养分，而不是随着风向向他那边倒。

你听一下他给我的回答，就会知道事情的真相了。

他说："不是的，我验证过他们的软件，他们的软件的确不错，他们的准确率可以达到70%，并且那个专家也是一个比较出名的人，他曾经准确地预测2005年市场大转折。"

看到了上面的话，我不知道你会怎么想。总之，我的看法是，他已经中毒颇深了。以我的力量想要这种人"改邪归正"，很明显无法做到。

因为我知道，一个输红了眼的人会变得非常不理智，他们通常什么都信。

然而，如果我们回忆一下市场中的那些喜欢跟风的投机者就不难发现，他们通常都是直到输光了还不知道为什么。即便有一些人会发现所跟随的专家的水平有问题，他们也不会反省，他们会转而去寻找另一个专家，而不是致力于思考是不是跟随专家本身就是错误的。

我的那位朋友最终的结果如何？他赚到了钱没有？

答案是没有，并且他又亏损了20%～30%。最近我又听另一个朋友告诉我说，他要转行做商品期货，因为期货市场可以双向交易，并且可以作日内交易，他希望通过期货交易把亏损的钱赚回来。

我真的希望他能成功，但我知道，如果他真的去做了商品期货，他一定会彻底输光。因为他缺乏学习，总喜欢跟着专家转，别人的意见总是对他影响至深。我曾经劝说过他多次，要他多看一些有关交易的书，要加强自己的学习，但他从来就没有听过，他床边上永远都是我给他的那两本书，偶尔他会买一些他所谓的高手写的书回来，但这些书他却没有一本看完过。请想一想如此缺乏学习的人，怎么可能会有成功的机会？

每当我告诉他多看一些投机方面的经典著作的时候，他就会叹息道："我可没有你那么好的脑子，也不像你那么有耐心能长期持有一个股票。"

我真的不知如何回答他，因为我知道，我之所以脑子好使，是因为我通常每两三天就能够看一本书，这个习惯一直延续至今。记得刚入投机市场的那几年，我几乎通宵达旦地研究各种交易的方法，我甚至曾经3个月不出门地研究股票走势图，希望能够发现一些什么。好在皇天不负有心人，我真的找到了。但请你不要好奇，我找到的只是上面我们所谈到的"长寿之歌"和"茁壮的麦子"，也就是那些有着真知灼见的投机者不断叮嘱的那些重要的思想理念，并在现实当中身体力行。在我的交易生涯中，那首"长寿之歌"永远都像远方的灯塔，点亮我的前程，即便是我处于窘境之时，我依然笃信只有它才能够让我重新振作。因为有了"长寿之歌"，所以我对今后的人生充满信心，并且越来越意识到，一个有独立主见的投机者才是一个名副其实的投机者，因为他有自己的思想，有自己辨别是非好坏的能力，并能够清楚明白地知道自己所做的每一件事情的初衷是什么，绝不会因为一千个理由而动摇一千次。

　　记住，市场中的那些名流大佬，很有可能只是一些自然的"长寿的麦子"和"茁壮的麦子"，你的任务不是去跟随他们、效仿他们，而是自己尽可能多地看一些经典著作，吸收那些真正的"长寿的麦子"和"茁壮的麦子"的经验，让自己最终变成一棵长寿而又茁壮的"麦子"。

第2堂课

Lecture 2

疯子买来疯子卖，还有疯子在等待。正所谓，赌场出疯子，情场出傻子。

　　一个平常视财如命的人，为什么到了股市中却会变得视钱财如粪土、任人宰割？更让人难以置信的是：为什么一个3元钱的股票上涨了10倍的时候，依然会有大量的投机者敢于买进，并且深信这个股票的价格目前依然是被市场低估的，以后还会有上涨的空间？为什么即便是一个经验老道的投机者，在这种人潮汹涌的市场中，也会受到市场情绪的影响，放弃自己的主见，随而接过市场中那些烫手的山芋，就像一个喝醉酒的酒鬼，根本不知道酒席即将散场，晕晕乎乎地就打开了另一瓶酒。

　　一个投机者为什么会对市场中的危险视若无睹，并拒绝智者的良言和忠告，宁愿与傻瓜为伍？

　　我曾见过这样一个人，他平时真可谓惜财如命，就连给一个员工加一点工资都会考虑好几天，甚至明明答应了给别人的奖金，他也会想尽办法克扣。可是有一点我不明白，那就是他对自己因错误的决策而导致的亏损却总是毫无吝啬之意，我从来就没有见过他会因为某一次交易的失误而痛心疾首。换句话说，他无法容忍给别人增加一点点的薪水，却能够容忍自己在投机市场中无限制的亏损，并且无一点痛意。正像他的员工所言，给人家几百元钱都会心痛得了不得，而自己胡乱地糟蹋50万元，却一点也不心疼。

这样的例子在投机市场中也随处可见，不乏其人，那些省吃俭用攒了一点钱，打算到投机市场中"玩上几圈"碰碰运气的人，到最后往往是因为"挥霍无度"而结局悲惨，叹息而终。

最初，我把这些人的行为理解为，他们是患了滥赌症，后来我发现，把他们的行为归结为滥赌症并不恰当，似乎用"利令智昏"和"穷大方"这两个词更为贴切。因为这时候的他们通常都是在利益的驱使下，做出了令人费解的事情，因为这些人通常都不相信身边最亲近的人，而是相信一个未曾谋面的专家，或一个认识不久的外人的建议。在这些人的面前他们的警惕心荡然无存，而是心甘情愿地拿着大把的钱往市场中扔。这简直有些疯狂。

然而，我们必须知道，投机市场是个烧钱的大熔炉，企图采用这种豪赌的方法让自己一朝暴富，很显然最终的结果必定是入不敷出。

投机市场是个疯狂的地方，每个人都认为自己很理性，但实际上我们很难发现在迈克尔·杰克逊的演唱会中会有理性的观众，他们时不时就会情绪高涨地欢呼，而投机市场同样如此——行情不停地上涨，会让很多往日小心翼翼的投机者放胆追进；行情不停地下跌，会让很多往日里信心十足的投机者疑神疑鬼跟风卖出，但他们自认为自己想好了。

根据我的经验，我发现投机市场中的大多数投机者所有的行为都是随机的、冲动的，他们的买入行为通常都是被行情吸引进去的，而不是理性分析之后有计划地进入。同样他们的卖出也是被行情恐吓出来的，而不是提前就确定好了退出的标准。就这样，他们在市场中买进卖出，被行情吓来唤去，接受市场双重夹击的痛楚。

　　蜂拥而至似乎是个形容词，但在投机市场中却一点都不夸张，在市场向好的牛市中，疯狂的投机者往往会把交易所围得水泄不通。在一片悲观的熊市中，他们又会一散而去，所有的交易所都已人去楼空。

　　这不由得让我想到，原来人也是群居动物，焦躁和冲动也具传染性，一个人的行动往往会影响着一批人的行为。癔症也是投机市场的病症。

　　在医学里，精神因素，特别是精神紧张、恐惧往往是引发癔症的重要因素。而实际上，在投机市场中，很多投机者的癔症性反应同样特别明显。情绪不稳定、自我安慰、文化水平低、迷信观念重的等人都非常容易接受市场暗示，他们通常较一般人更易容易发生投机市场的癔症。

　　癔症就像是当你看到别人打瞌睡的时候，自己也会禁不住跟着打起瞌睡，然而事实表明，投机市场中的买入和卖出的很大一部分都是因为投机者的癔症而导致的跟风行为，很多投机者一旦看到有人开始卖出，自己的心就开始跳动起来，禁不住就会有所行动，卖出的人越多，这种冲动就越明显。

　　所以我认为，在投机市场中一味地提倡理性并不能起到多大的作用，要想减少冲动，最好的方法就是远离"群体交易"，因为投机不需要商量，也无法商量着做，投机的性质决定了它是一个人需要个体智慧的行业，它需要你自己决定是买还是卖，由你自己的疲劳程度决定你是否应该打瞌睡，而不是稀里糊涂地跟着别人一起打瞌睡。

　　换言之，投机市场只分为两种人，一种是只管低头赚钱的不言不语者，另一种就是争论是买是卖的喋喋不休者。前者通常都是市场赢家，他们通常知者不言；而后者往往都是输家，他们很可能坐而论道，无人可及，临机应变，百无一用。

　　所以，在投机市场中，知道得越多的人越感到自己无知，而那些略知一二的人却总是误认为自己无所不知。一个新手在看成熟的投机者时，就像是一个孩子在抬头看一个大人，哪怕看一个非常矮小的成人，也会觉得很高大；等你成熟了之后，你才可以清楚地知道谁是真正的身高体硕者，谁只是一个身材矮小的侏儒。

请记住，群情激昂地买进卖出，正是疯子的行径。那些喝醉酒的人总认为自己没醉，还能再来一瓶，然而他们常常是被人抬回家的。

第3堂课
Lecture 3

刚刚滑下希望之山，接着爬上焦虑之墙，大多数投机者通常都在遭受市场的双面夹击。

我知道有些初入投机市场的"聪明人"，往往会在一开始的时候异常小心地交易，但是他们虽然如此倍加小心，但到最后依然摆脱不了亏损的命运。

为什么会这样？

因为市场还有另一条神秘而诱人的"法则"，就是新手在进入投机市场的初期，通常都会赚一些钱，甚至还会出现一连串的盈利，而这一现象通常会让那些小心的投机者掉以轻心地认为，在股市中盈利是如此简单的一件事情，接下来，他们就会将自己所有的积蓄拿出来，然后一股脑儿投入进去，但之后的结果，定会让他们叫苦不迭。

那些经历大亏的人通常都会有这样一个经历，那就是在初入市场的一开始，他们通常会小心翼翼地用小钱试探一下，然后，似乎自己的判断异常准确，你买进的股票如期上涨了，不到几天的时间，你的股票涨了10%，你认为这要比你每日辛勤地上班做生意强多了。接下来，你就会野心膨胀加大注码；再接下来，你又赚了一点，让你不由地热血沸腾。然而，这一次盈利的巧合往往会使你执迷不悟，你会完全失去风险意识，将自己所有的钱都投了进去，甚至你还会四处求亲靠友借钱买入，要让自己赚个底儿朝天。

然而，就在这个时候，不幸的事情发生了，当你把所有的钱都投进去之后才发现，行情再也不上涨了，而是开始下跌了，你先前赚到的那些钱没多久就"消耗殆尽"，并且还贴上了老本。

此时，你才会发现，要把自己的本钱弄回来，竟然是那么困难，你左等右等，行情就是不上涨，你开始大骂市场就是一个吃人不吐骨头的吸血鬼，大骂那些当初给你推荐股票的人都是一帮江湖骗子。

可惜，此时为时已晚，无论你如何愤怒，你手中的股票依然像一条死蛇，毫无回天之力。你每天都在盼望着手中的股票能够早日上涨，但市场似乎总是跟你对着干，每当你感觉行情可能上涨之时，它却下跌了。每当你感觉它可能还会下跌的时候，它却上涨了。此时的你才会深刻地体会到，市场就像泥鳅一样滑，无论你如何努力，依然不得要领，毫无成果。你本来打算，等行情跌低一点，然后你再凑一部分钱补仓，也好摊低一下成本。但同样让你异常痛心的是，行情再一次下跌了，让你的希望再一次落空了。

总之，你会发现，无论你采用什么方法，动多少脑筋，行情就是不涨，一直到你被彻底驯服，打算只要行情一上涨就会立刻卖出，然后再也不碰那玩意儿了。

然而，就在你希望彻底破灭，并已经做好了投降的准备时，市场却偷偷地滑到了希望之山的谷底，行情停止了下跌，并开始反转向上了。

但是你依然高兴不起来，行情在上涨的过程中，你又会不断地想，行情是不是会下跌，目前你的本钱已经挽回了20%，如果行情再跌下去，或者跌得更低，那岂不是前功尽弃？所以行情上涨的幅度越大，你就会越担心，卖出的欲望就越强烈。

如题所言：你刚刚滑下了"希望之山"，又爬上了"焦虑之墙"，最终因无法忍受这种精神上的压力，在该买入的时候卖出了。

所以，在市场中呆久了的人，往往会有这样的体会，那就是市场中那么多股票都在不停上涨，但你买进的那个总是不上涨；可是当你卖出了这个股票，再去买进另一个你认为能够上涨的股票时，你会发现新买的这个股票不涨反跌，而你刚刚卖出的那个股票反而上涨了。你甚至会发现很多情况下，市场都是在跟你对着干，让你进退维谷。

为什么会这样呢？

这是因为，市场中的热点总是板块轮换，交替上涨，想要以那些粗浅的方法在市场中准确判断下一波上涨的主力军在哪里，是很难的。所以想要准确把握市场的热点转换，通过不断变换手中的股票来快速赚钱，是不靠谱的。

所以，如果你缺乏耐心，无法始终如一地持有一个你经过详尽的研究并坚定看好的股票，而总是喜欢在投机市场中进进出出进行短线交易，并企图尝试着追涨杀跌来达到消除焦躁、快速获利的目的，那用不了多久，你就会发现，自己在不断地高买低卖，逐步进入无路可退的地步。

所以，在这里，我必须申明，对于大多数投机者来说，不断地追涨杀跌做短线，只能让你举步为艰，短线交易并不适合新手。如果你想在投机市场中立足长远，最好的方法就是做一个彻头彻尾的长期投机者，不要相信中国的股市与其他发达国家的股市不一样的鬼话，因为据我所知，那些长线价值投资者之所以亏损累累，并不是因为价值投资本身的问题，而是因为他们"制器不精，反遭其祸"，他们误认为价值投资就是不择时机地买入一个基本面好的股票，然后一直持有就行了。这简直就是一派胡言，曲解了价值投资的本意！因为价值投资要求你必须了解一个股票的实际价值，然后将其实际价值与公司的总市值相互对比，看一看公司的每股实际价值（账面价值）和每股市价（目前的股价）的比值，如果目前这个股票的实际价值高于目前市场中的市价，那么说明这个股票的价值被低估了，如果低估了20%以上就可以逐步买入这个股票了；相反，如果这个股票在市场中的市价，高于每股股票的实际价值，那说明这个股票被市场高估了，就不是买入的最佳时机。

当然，你也不要进入另一个误区，认为一个股票被市场低估了20%，它就不会下跌了，一个股票即便是被低估了50%也有可能继续下跌，因为低估只是一个评价股票价值的标准，这个标准就像是水库大坝上的水位警戒线，当水位达到一定的位置时，只能告诉我们目前水位的高低情况，但它并不能够影响天气的变化。比方目前连日大雨，水位已经达到了高位橙色警戒线，它只能告诉我们应该注意泄水排洪了；水位已经达到了低位橙色警戒线，它只能告诉我们应该注意关闸蓄水了。

所以，如果你看到一个股票被市场低估了，就自以为是地认为这个股票已经被低估了，所以它应该上涨，这就像你看到大坝上的水位达到了高位橙色预警信号的时候，就告诉别人天气就要晴朗转好了一样愚蠢。

所以，如果你是一位致力于投机事业的投机者，请你务必多下一些工夫研究市场和你所钟爱的交易方法，不要还没学会就开始盲目否定。

第4堂课

Lecture 4

信心应该来自于知识和经验，而不是欲望和激情。激情与成功之间从来就没有必然的等号。

　　胜也自信，败也自信。正如卡耐基所言，一个人不是在计划成功，就是在计划失败。

　　如果你买入一个股票的理由是：因为你了解它，你已经充分研究了这个股票的方方面面（虽然这只是个形容词），那么你就应该继续关注这个股票，并在恰当的时机购买它。这样，很可能你的做法就是正确的。

　　相反，如果你买入的理由是：你觉得这个股票可能上涨，你想赶紧利用这个机会大赚一笔，或者你看着那些先入市场的人已经赚了一大笔钱，于是你也红了眼，激情澎湃地打算跟进去"敲一杠子"。那么我对你的劝告是：小心！千万小心！因为通常喜欢在这种强烈欲望驱使下进行交易的投机者，最终都会血本无归。

　　在投机市场中眼红，会让人产生不该有的冲动。如果你是一位新手，你会自认为看好了这个股票，并信心坚定地说："我感觉这个股票一定行！"然而，同样都是这句话，如果出自一位深谙投机之道的老手嘴里，那可就是另一番天地了，那很有可能这个股票真的就行。因为他之所以说这句话，是因为他的信心和所有看法都不是建立在自己想要买入赚钱的欲望之上，而是理性而全面的分析。

对市场未来盲目乐观，会导致投机者无法中立地看待问题，因为他们的购买欲望太强了，他们总是那么激情澎湃，脑子里只有一个念头，那就是：买入！

投机市场中有不少"喜欢"买进的投机者，就像杂草的生长使周围的花朵也逐渐失去养分和光泽，他们唯一的想法就是买进，因为他们"喜欢"买进，所以他们能够找到很多买入的理由，当然大多数理由都是一些市场流言，所以他们总是认为买进就能抓住机会，不买进就是损失。他们求胜心切，并不愿意听到市场中谈论股票有可能下跌的言论。

我就碰到过这样一个人，我把我们的对话说给你听，你看一看他中毒的程度。

那是在2007年12月左右。当时，我手中大部分股票还没有平仓。直到我发现趋势变了的时候，我才感觉到势头有点不对，于是我在5000点左右平掉了所有的仓位。

第二天，我到了我的一个朋友那里，无意中我们闲聊起来，我说："我感觉市场不大对劲，所以我卖掉了所有的股票，大盘的涨幅过于陡峭，并且很多股票都开始大幅回落了，我担心行情有变。"

这时候，我那个朋友的另一个朋友立刻斩钉截铁地说道："这不可能，你不懂。这只是一波正常的回调而已，中国的经济正在蒸蒸日上，很多公司的基本面都依然向好。所以我坚定地看好后市。"

我说："可问题是很多股票的股价都明显被高估了，并且大盘的成交量与指数已经出现了很久的背离现象，更重要的是行情的这一波跌幅明显加大了，还有，市场中很多股票都出现了大于大盘的跌幅，只有20%的滞后大盘上涨的绩优股在带动大盘，这说明市场中的购买力在下降，有人在不断卖出股票，如果大盘不能创出新高，很有可能会出现长期的下跌。"

他一脸不耐烦地说道："什么价值高估，在中国去了解一个股票的价值是没有用的，中国的市场和外国的市场是不一样的，中国正处于高速发展的阶段。"

我说："可是我明明看到市场的人气在消散，购买力在下降，即便是像你说的那样，也应该削减一下仓位啊，在目前的市场形势下，应该是防范风险为首要，而不应该对市场的未来寄予厚望，即使在卖出之后行情真的持续上涨了。"

他说："我告诉你，中国目前的市场不同于以往，这一次的市场只不过是在洗牌，如果你卖了，早晚你会后悔的，因为很多专家都说过，目前中国的经济发展基础没有变坏，很多专家预言，这一次的行情有可能是百年不遇的大行情，如果你卖出了手中的股票，那你很有可能就会错失你这一生中最大的赚钱机会。我告诉你，你们不懂股票。"

听他这样一说，我再也没有吭气，因为，我知道在这个时候想要说服他是很难的，你的劝告只能增强他的对抗，所以这个人迟早会亏光的，因为他不相信市场现实，他喜欢仅凭一腔热血将希望寄托于专家预言，他的信心不是来自于自己的理性分析，而是来源于要"把握一生中最大的赚钱机会"，所以他此时的自信和坚持已经变成了利令智昏的固执了。所以我只能转移话题，去谈别的事情了。因为我在投机市场中，从来不会试着去说服别人按照我的说法来，我也不会跟一个不相信我的人纠缠一个问题。因为我知道，我没有能力去帮助或"解救"投机市场中的任何一个人，所以我尽量避免给别人介绍股票或让别人跟着我买股票，我喜欢偷偷地自己买，虽然有时候我会把我的一些看法告诉我的一些朋友，但我却永远不会强迫他们按照我的看法去做，因为我也不知道我什么时候会变了主意。

通过我们上面的交谈，请审视一下你自己，看一看你的每一次交易和持有时的自信是建立在自己的购买欲望上，还是建立在自己充分而全面的研究上。你是因为对市场的未来满怀希望而激情澎湃地买进，还是会因为你研究过这个股票，对他有信心而买进。

投机者应该知道，无论你的激情多么澎湃，这些都与成功关系不大，因为现实告诉我们激情和欲望有助于成功，但却没有必然的等号，有激情不等于能成功。激情和欲望如果没有丰富的知识和充足的经验做基础，那你就会被激情和欲望之火烧焦。

记住，不要把成功与一朝暴富拉上关系。激情和欲望虽然是幸运的基础，却必须由正确的信念来主导，急功冒进而又欲火焚身，正是滑入火坑的开始。

第5堂课

Lecture 5

世上的确有奇迹，但奇迹并不是发生在每一个人身上。

当人们过度相信命运时，就会被命运所愚弄。喜欢碰运气是导致很多新手跃跃欲试的主要因素，少数随机的特例让人们迷失了双眼，认为自己可能也会遇到这样的好事，所以他们喜欢赌一下，碰碰运气，这样的例子四处可见。

比如，一个基本面很差的股票通过人为的炒作上涨了10倍，于是很多人都会否定公司的价值和业绩是决定股价未来走势的重要因素，他们会相信决定未来股价的主要因素是庄家。于是他们开始抛弃事物的根本，而宁愿去做一些枉费精力的事情。

再比如，一个投机者因为无意中买了一个正处于重组中的垃圾股而大赚了一笔，于是很多投机者都会倾向于去寻找具有重组题材的垃圾股，他们就会误认为要在投机市场中获利，就必须找到那些具有重组题材的股票，并自信地认为别人买入这样的股票赚了大钱，自己也应该碰碰运气。由此可见，人们的行为是多么的盲目。

然而，事实告诉我们，不分青红皂白地在市场中碰运气，并不是获利之道，市场中时不时就会出现一些鼓舞人心的现象。

比方，一个对股票一窍不通的穷光蛋碰到了随机的好运气，无意中买了一个股票，结果赚了几十倍，让一条咸鱼翻了个身。于是很多人都产生了试一试的想法。

可问题是，如果你不多下工夫研究市场，而是执迷于追寻那些无法把握的随机的好运气，只会让人不断失望。因为从全世界的投机市场来看，从古到今还没有出现过因碰运气而成为固定的赢家的先例，可能会有一时的明星，但如果他们没有超人的能力，不久他依然会倾于平淡。

投机市场本来就反复多变，奇迹看起来似乎不断发生，但抱着相同的愿望的人并没有得到相同的结果。所有的买奖券的人都是抱着买中头奖的目的去的，但是他们中的大部分都没有买中头奖，虽然他们也曾说过"不用中头奖，能中二等奖和三等奖也行"。但我们很清楚地知道，具有这种想法的人，只不过是因为担心自己可能无缘头奖，而不得不将自己的预期调低。

然而，投机市场中的奇迹总是诱人至深，让人如痴如醉，我们总会看到一些经验不足的投机者执迷不悟地追逐奇迹，最后深陷其中。

投机者必须知道，凡事没有绝对，只是相对来说概率更大而已，市场奇迹通常都是小概率事件的最直观的表现，它本身就不可预期，并且通常与奇迹并立而行的就是那些最糟糕的结果，这种最糟糕的结果所出现的频率几乎是与奇迹的频率是相同的，这进一步削弱了奇迹的功效。

我们相信，一个投机者如果能够在投机市场中呆很久，他也必定会历遍市场中各种现象，好的事情、坏的事情都会经历到。这犹如一个长期跑夜路的运输司机，他可能会碰到一些诸如捡到钱包的开心事，但也会经历一些诸如堵车抛锚的沮丧事。然而如果你因为偶尔一次行夜路捡到了一个装满钞票的箱子，就误认为走夜路拣钱箱子是可行的，并相信"人无外财不富，马无夜草不肥"，那么可想而知你的结局是什么。

喜欢奇迹，会导致投机者毫无目标地在市场中滥捕滥杀，毫无根据地抓过一个股票就把它当成金娃娃，并常常在失利的时候不知变通，继续追逐这个固定的目标穷追猛打。他们时不时地会想："奇迹是不是即将发生了？"这种想法通常会让他们在各种因素的影响下犹豫不决、摇摆不定，最终继续重复自己的错误行径。然而，投机者的这种错误行经恰好与成功之路南辕北辙。

投机市场中有两种机会，一种是正常的大概率机会，一种是小概率的百年不遇的大机会。然而这两种机会并非是可以提前确定的，所以你无法知道目前的这个机会到底是小概率的大机会还是大概率的小机会。事实表明，刻意寻求百年不遇的大机会，犹如要寻找一根天生笔直的竹子来作箭，必然机会渺茫。而能够遇到百年一遇的大机会的人，通常都是那些持之以恒地坚持采用正确方法在捕捉大概率机会时碰到的。因为机会什么时候来，或来多大的机会，不是可以提前预期的，而是在大机会到来之时，你能够警觉地意识到。这与那些买了一个不入流的股票，然后期盼咸鱼翻身，或错把任何一个机会都看成是百年不遇的大机会而盲目死守的人，有着本质的不同。

所以，在投机市场中，成熟的投机者通常都会尽量先做好本分以内的事情，将主要的精力用在概率较大且可预期的大概率机会上，而不是远离市场本质去选择一些前途未卜的小概率。所以他们绝不会去买一个毫无保障的低价绩差股，然后坐等奇迹的发生。因为他们深知，在投机市场中采用卑劣的手段，却在热切期盼好运的降临，将有可能血本无归。

记住，不要总是误认为目前的机会就是唯一的机会，也不要见了机会就只想好的不想坏的，凡是大失所望的人通常都是只想着收获的喜悦而忽视了失败的沮丧的人，因为他们总是在一个普通的机会上期盼着奇迹发生。

第6堂课

Lecture 6

错误都是一样的，但是大家重复着犯，轮流在犯。

错误跟疾病一样，就那么多种，但是大家都是你犯完了我再犯，前赴后继永不停止。我想，这可能就是股市培训师永不失业的原因吧。

现实当中，我们之所以会不断地犯错，主要是因为太多的人会受到人性弱点的影响，而过分地情绪化。

比如，我们会因为行情的下跌而心情沮丧，信心全无；我们会看到行情的上涨而情绪高涨，毫无节制地买入和卖出；我们会因为贪婪而失去理性，在行情疯狂之时依然如故地大量买进；我们还会因为心存侥幸而在行情不断下跌的熊市中继续持有亏损的仓位，无端地猜想："行情会不会在我卖出之后反转向上？"

总之，我们会有各种理由导致我们不断地犯错误。

然而，我们中有很多人也在不断地改正错误，并试图战胜人性，可是我们真的能够战胜自己的人性吗？

答案是：很难！

因为我们是有情感的，有情感就必然会有情绪和心理上的波动，而只要情感存在，情绪也就必然存在，它们就会影响我们的行为和信心。所以感情过于丰富的人，在投机市场中往往会变得过分情绪化，并且"心理脆弱"，很难抵御市场中各种因素对其人性的影响。

那么我们应该如何解决这个问题？解决的方法是什么？

那就是建立规矩！建立一套能够让我们清楚明白地知道自己的每一个行为的初衷是什么，以及违反这些规矩能够诱发什么样的问题。换言之，我们要通过建立一套规则来让自己清楚明白地知道，自己按照规则执行每一步的必然结果，以及违反规则之后有可能导致什么样的不利后果。只有这样，我们才会有信心，并乐意执行，仅靠不明就里的死板执行是不够的。

所以，我们不得不说，我们之所以如此情绪化、如此不理性，主要是因为迷惑，我们会因为不知道上涨中的行情什么时候到顶，而心生焦虑；我们会因为行情一直在下跌，不知道什么时候到底，而心生恐惧。所以，我始终认为，投机者之所以这样，往往是因为没有提前做好应对市场有可能出现的各种变化的准备，总是让市场中无常的变化搞得晕头转向，诱发了心中的各种妄念。

所以，投机者如果想要削减和避免自己的人性对自己造成过多的影响，就应该提前设定好应对市场中各种问题的预案，做到未雨绸缪，这样无论市场出现什么样的变化，你都会因为有了充分的准备而不再感觉慌乱无助。所以，我总是认为，提前制定好应对市场各种变化的预案，有助于帮助投机者降低人性的影响，这要比刻意抑制人性、与人性直接对抗更有效。

比如，当你能够提前设定好买什么样的股票，在什么情况下买入，买入的数量是多少，行情如果与你的想法背道而驰你应该怎么办，行情如果如你所愿上涨了你又应该怎么办，在什么情况下你应该部分卖出，在什么情况下你应该全部卖出，并不忘问一下自己每一步为什么要这样做？如果你能够清楚明白、准确无误地回答出上述的各个问题，那么你基本上就会因为了解了事情的原委，而变得理性起来了。人之所以情绪化，其实最大的原因就是没想通和没想透。因为现实告诉我们，即便是脾气再暴躁、性格再好胜的人，当他与泰森碰面的时候，也有万般忍耐之心，因为他清楚地知道与对方对抗的必然结果是什么。

所以，如果你能够清楚地知道，你现实中的每一个错误，都有可能给你带来什么样的恶果，以及理性的头脑又能给你带来什么样的好处，这样是非利弊就像是红豆和绿豆一样清楚明了了，你自然就会因为结果的一目了然而豁然开朗了，此时人性对你的影响就会锐减。虽然有时候，你依然会有所冲动，但这种冲动相对于你原先的那种迷茫而不自知的冲动已经是今非昔比了，这时候你的抑制行为就是准确有效的了，而不再是原先的盲目抑制和顽固抵抗。此时你已经知道了什么是对，什么是错。所以，这个时候即使你的行为发生错误，你也会清楚地知道错在哪里，并能够乐意去改，你的改正和反省也会是有效的，逐步的，在这种不断的自我反省中，将人性的影响降到最低点。这时候，你才能够做到，当别人还在为如何战胜自己的人性而努力不懈的时候，你已经可以从容应对、笑谈风云了。

所以，聪明的投机者知道，要想在投机市场中获胜，不但要尽可能多地了解市场知识，还必须要尽可能多地了解自己，只有在既了解自己又了解市场的基础上，你才能够"避其锋芒，转劣为优"。因为成熟的投机者并不是每天想着要怎样和自己的人性做斗争，而是尽量多地了解市场，了解自己，了解人性，然后根据自己的实际情况，制定出一套既符合自己的性格特质，又能够准确应对市场的交易规则和思维模式，只有这样，你才能够将自己的智慧与市场的变化很好地兼容起来，最终摒弃人性的冲动，减少因各种妄念而起的错误行径。

我始终认为，错误和恐惧都来源于迷惑，我们往往会因为一切都是未知的，而做出很多与现实背道而驰的事情，并为此而深感焦虑，进而诱发更多的错误。然而，苛求自己不犯错误，每一次都能够准预测市场的变化，是不可能有任何进展的，因为市场的变化无常决定了我们要想追求确定的未来，是不可能有实质性结果的，因为历史告诉我们，即使最聪明的投机者，也不会知道市场接下来会"怎么样"，关键是他们知道无论市场接下来"怎么样"了，他都有应对的策略，这就是最有效的办法。

所以，只有遵循那些久经考验的交易规则，并提前做好应对市场各种变化的预案，才能够真正帮助你免受重大错误的打击，这正是那些长寿的投机者能够不断成长的重要原因。

记住，初入投机市场，你必定会不断出错，这就像你刚刚接受一项新的工作，没有人会不断地教给你应该怎样去做，你必须很快自己适应，并做得恰到好处，否则你有限的资金很难支撑你到最后，甚至很多人一直到输光了，也不知道错在哪里。这不但需要你有很强的理解能力，还需要你尽可能多、尽可能快地了解市场，并适应这个市场。那些一上手就能够轻松应付的人，通常都是对一个领域非常了解的人。那些聪明的演员，你只要告诉他你的意思，他就可以做得很好，而那些反应迟钝的人，即便是你手把手交给他，他也未必学得会。

第7堂课

Lecture 7

人们相信的是神算子，而不是身经百战的将军。

明明行情在不断上涨，而你却不断在揣测市场是不是到顶了；明明行情在不断下跌，而你却不断在揣测市场是不是到底了；人们通常不是理性地思考投机制胜的主要因素，而是偏好一些虚无缥缈的东西。

所以，投机市场中那些相信预测秘诀的投机者基本都是新手，恪守交易规则的基本都是老手，老手们知道只有适合自己的方法才是最有效的方法。

一个音乐家如果没有感觉，那他就不是音乐家了；一个投机者如果没有感觉，那他也不是投机者了；感觉是一定要有的，清心寡欲做投机并不是说你要没有感觉，而是你不能有非分之想和非分的感觉。

聪明的投机者知道，没有人能够长久准确地预测市场的走势，依靠预测后市赚钱的投机者少之又少，但急功近利的天性，导致人们对媒体中的行情预测趋之若鹜。人们总是喜欢不劳而获，喜欢走捷径，人们喜欢让那些股市神算子给他们一个明确的预测结果，然后自己毫不费心地把钱投到市场中，轻松赚钱。

然而无数的现实告诉我们，企图利用别人的智慧达到不劳而获的目的，你将断送自己的前途，只有懂得付出，才会有所收获。

在投机市场中，我们会发现这样一个现象，很多投机者都喜欢在各种论坛和媒体上寻找那些"知名人士"对后市的预测，这些预测对投机者的影响极大，这些预测往往会成为很多投机者买进股票和卖出股票的重要依据，但是我们却鲜有发现哪个人会根据那些荒谬的预测买进卖出而赚到钱的。所以聪明的投机者知道，即便有人能够预测到后市的走势，那也只不过是一种长期的粗糙的大致趋势而已，专业人士称之为——长期远景，但是这其中的股价起伏却是无人能够准确掌握的，因为行情的走势复杂而多变，任何幅度较大的波动都会使你产生焦虑，改变看法。

换言之，即使我们能够大致知道市场未来有可能到达的高位和地位区域，但行情以各种不同的波动方式交替运行，足以让你彻底放弃自己先前的预测，股价无常的变化往往会一个意外接着一个意外，让那些最有信心的人都失去信心。

所以，过分相信那些市场"神算子"，不但无助于你的交易，而且还会影响你今后的决定，给你带来莫大的风险。所以我总是认为，那些能力不强大但又喜欢在媒体上胡说八道的人完全是一些害人至深的"非人道主义者"，他们只不过是利用那些知识贫乏的善良的投机者，来达到自己出名的目的而已，如果他们偶尔预测正确，接下来他们立刻就会露出隐藏已久的狐狸尾巴，收受大量的会员费就是他们必备的杀手锏。

我并不排斥、并且也是非常支持一个有能力的人以有偿的方法，教给投机者一些行之有效且正确的投机方法，依此来提高投机者抵抗风险和增加盈利的能力。但在我们的现实市场中，我们所见所闻的那些知名人士，只不过是打着"救苦救难"的旗号，而实质上却抱着一旦预测正确立刻就能声名鹤立的目的，在为自己将来能够进一步提高收费标准打基础而已。所以，他们中的大多数最终都是以悲剧收场，只有为数不多的几个人，依然还在继续坚持为少数不知内情的人，继续提供他们所谓的市场预测报告。

所以我建议所有的投机者，对于市场中那些声称掌握了某种"神兵利器"、能够准确预测后市的所谓"奇人异士"，以及那些总喜欢信誓旦旦地预测未来的股市能达到多少多少点的大忽悠们，还是敬而远之为好，他们与那些能力卓著而又具有很强的社会责任感的人不能相提并论，因为这种所谓的预测，与我们上面所提到的要对市场有感觉是完全不同的两码事。

接下来，我们就来谈一谈成熟的投机者的市场感觉的问题。

我们知道一个熟练的驾驶员在开车的时候，没必要去量一下道路的宽度或拐弯的角度，然后将方向盘调整到适合的角度之后再开始发动汽车拐弯。他们只需轻轻地一拨方向盘，就可以轻松自如地的拐弯成功。

这是为什么呢？

答案就是：熟能生巧。

想一想你刚开始学开车的时候，那种手和脚都不知放在哪里的紧张、慌乱状态，你就可以知道投机者一开始也是如此，对什么都没有感觉，对什么都感到手足无措。

可是为什么驾驶员经历过一段时间的学习和训练之后，就能够轻松上路了呢？

这是因为驾驶员学习的时候没有想着钱，并且他们在上路之前经过了严格的培训。

然而，我们很多的投机者却并非如此，他们并没有经过任何严格的训练，就敢于大刀阔斧地上阵了，这与一个没有任何驾驶经验、没有经过任何严格培训的人驾驶汽车穿行在车水马龙的公路上有什么不同？更有甚者，在投机市场中，那些毫无经验的投机者，通常喜欢一次满仓，这犹如在自己还未熟练掌握驾驶技术时，就开足油门高速行使一样，怎么会不出乱子？

　　况且投机者还应该知道的是，投机要比驾驶汽车更难，驾驶汽车你学习几个月、实习一两年，基本就可以轻松上路了，这种感觉来的也比较快，虽然在处理一些突发事件上和防范危险发生的经验上，你可能还远远不及那些驾龄10年以上的老手，但是你起码可以"活动"起来。然而，投机市场可并非如此。因为驾驶汽车你眼前的路是可以看到的，你的感觉可以随着道路的变化及时调整，但是投机市场中的"趋势之路"却是不存在的，你的感觉与你的经验关系重大，如果依然用驾驶汽车的例子来解释它的话，就相当于你在一条充满迷雾的公路上行使，你只能够看到后面的路，但却无法看到前面的路，然而你还必须在这种混沌不清的情况下，及时决定目前的路况能否通过，并同时做出是继续前行，还是停止前行的决定。这必须要以丰富的知识和充足的经验为基础，并在不断回顾、评定以往的类似现象和利弊得失中，感受目前行情可能出现的变化，并充分做好应对正确与错误的两手准备，让市场的变化发生在你的意料之中，而并非出乎你的意料之外。只有这样，你才能够得心应手地应对市场中那些突如其来的变化，而不会因为缺少准备让突然袭来的错误搞得慌了手脚。

　　所以，成熟的投机者在实际交易中的确会因为经验的作用大幅提高自己的判断力，但这与那些毫无根据的预测无关，并且这种感觉是无法用语言的方式传递给你的，只有亲身经历了以后，你才能够感受到这种感觉，以及与人、与市场之间的微妙关系。

　　所以，在投机市场中，摒弃喜好走捷径的恶习，远离那些时不时就会发布一些让人啼笑皆非的后市预测的市场巫师，这不但有助于你重塑自己的交易信心，也会让你有一颗清醒而冷静的头脑。只有那些久经沙场的老将，才能够知道什么是投机市场真正的取胜之道，什么只不过是一些弱不经风的市场谬论。那些初出茅庐就打算以一些雕虫小技达到一鸣惊人目的的"生瓜蛋"，到最后只能身败名裂。

在纽约92街的基督教青年协会（YMCA）举行的新书发布会上，艾伦?格林斯潘曾说道，"人们总是试图对各种可能的结果做出预测，但结果却总与现实相差甚远。"格林斯潘的市场知识、预见力以及分析能力能让全世界的人为之侧目，但他依然得出了市场不可预测的结论。所以，如果你想要依赖预测进行投机交易，除非你认为自己比艾伦?格林斯潘知道得还要多，比他还有预见力。

记住，受人敬仰就是成功的回报，但急功近利式的求胜心切，则是对成功的亵渎。你可以根据自己对市场的感觉对后市做出自己的判断，并为行情可能出现的走势做出充分的准备，但千万不要把"我知道，这家公司的业绩正在增长，所以它注定会上涨"或"这个股票的市盈率已经低于5倍，所以它绝对会上涨"这样的话当成是最后的断语，自命不凡的投机者通常都没有好结果。只有从无数失败和挫折中，才能够找到交易的真正技巧和感觉。在投机市场中好逸恶劳，只能让你一次一次与成功失之交臂。

第8堂课

Lecture 8

心随价变，你就注定只能在市场中跑龙套。

股价变了，心情也变了。

在投机市场中，很多道理你可能会懂，但你却很难坚持到最后，因为你必须排除各种杂念，排除那些来自各方面的不利因素的影响，要做到不受各种因素的影响，需要很长时间的心理磨砺。

我们通常都会看到那些还没有掌握"游泳技术"的投机者，对行情的波动非常敏感，甚至很多时候都会感到手足无措，即便是那些受过一些专业培训的人，也只不过在一开始还能够勉强应付，思路也还算清晰，但只要时间一长，连续错上那么几次，他们就立刻失去了方向感，应付不过来了。但事实却是，你每天都要不断地应付。

股价的变动往往会让人心潮跌宕起伏，如果没有非凡的定力和良好的控制能力，想要不冲动是很难的。然而，即便如此，你也不应该放纵自己，你必须知道，如果你想在投机市场成功，就必须自我改变，去配合成功所需要的各种要求，因为良好的心态是投机成功的第一个条件，再好的交易技术也会被不良的交易心态摧毁。

在现实市场中，很多投机者之所以心潮起伏、摇摆不定，最主要的因素就是市场的变化无常，让他们无法接受不确定的行情的变化，所以他们往往会受到股价波动的影响而心随价变，不断的改变自己的交易决定，他们会因为股价的短暂回落而怀疑行情到顶了，也会因为行情的短暂反弹而猜测行情可能到底了。然而，无数的现实告诉我们，一个心态如此多变的投机者，想要在如此起伏不定的行情中击中靶心，其命中率不到10%，想要用如此低概率的方法进行交易，只会让人举步维艰。

如果你没有进行实际交易，仅靠着每日看看行情走势，然后在心里盘算一下，似乎你的概率会非常高，你甚至会认为自己的概率达到了70%，甚至达到90%，你会错误地认为依赖这样高的命中率完全有可能在市场中盈利。这是忽略了人性、忽略了其中很多微小波动的影响之后的结果。很多新手之所以在一开始就敢于大举买进，就是因为他们的这种忽略人性和微小波动对自己情绪上的影响而自命不凡，这种假象让他们从一开始的忐忑不安变得信心满满。他们往往会认为自己能行，但最终却大败而归。

因为他们并没有考虑到现实与虚拟之间的区别，在虚拟的世界中，你可以忽略人性，你完全不必考虑生计，你所要的就是兴趣和信心，所以此时你还没有陷入人性的沼泽，你的一切都是为了兴趣，对和错对你来说没有任何负担，也没有任何代价。

可是，当你拿着所有的积蓄贸然入市的时候，性质就完全变了，因为这时候你的对和错是有代价的，股价每时每刻的变化直接影响着你的账户数额，股价下跌了，你的钱就少了，股价上涨了，你的钱就多了。所以，当你处于实际交易的阶段，你所操心的就是你的账户收支情况了；每当股价下跌一档，你的心就会痛一下，并立刻开始怀疑自己看涨后市的决定是不是有误；每当行情上涨一档，你的心就会跳一跳，并认为行情可能还会继续上涨，现在的卖出决定是不是有误。所以当你拿着真金白银进入投机市场之后，你开始不断怀疑自己的决定，否定自己，你很难再相信自己了，这时候的你已经不是先前满面春风的样子了，你会发现，这个时候你的眼睛瞪得比平常大很多，也比平常紧张万分。你甚至会怀疑市场是个狡猾的家伙，在你没入市之前让你时时顺风，似乎胜利在向你不断招手，诱使你义无反顾地投入进来；然而当你下定决心投入进来的时候，你会发现，市场似乎翻了脸，无论你怎么努力，也无法准确无误地抓住一次机会，即便是你偶尔抓住了一次机会，也会因为不断怀疑自己而最终在该持有的时候卖出了，然而，当你打算纠正一下这种错误，并决定在下一次机会中一定要将有利的仓位坚持到底的时候，你却发现：天哪，这一次市场生了个侏儒，股价还没怎么上涨就开始反转向下了，你又会开始认为坚定的持有也不是长久之计，应该见好就收，只有这样你才能够及时锁定那些到手的利润。总之，在这个阶段你会感受颇多，你的决定也在不停地变来变去，感觉自己似乎怎么做都是错的，无法定夺到底应该怎么做，或坚持什么，你甚至会悲观地认为自己的运气真是糟透了，不知为什么，对的也会变成错的，错的也会变成对的，纠正错误也不对，不纠正错误还不对，甚至买错了的股票上涨了，卖错了的股票下跌了。

总之，你会发现此时你的看法不准了，头脑也不灵光了。你认为行情应该上涨了，可是没过多久它反而下跌了；你认为今天的行情不行了，估计涨不上来了，但现实告诉你你错了，行情虽然大跌了5%，结果在收市的前半个小时不但收复失地，还大涨了3%；你认为这个股票应该涨到10元钱，但结果它在7元钱的时候就开始掉头向下；你认为一个质地不佳的股票涨到15元钱已经太高了，结果它涨到了30元钱还没有停止的迹象；你决定这个股票不涨到10元钱，你就坚决不撒手，但结果行情上涨到6元钱的时候，你就开始慌张地急着卖出了；你认为这个股票只要上涨到10元钱你就会彻底清仓，然后耐心等待下一次机会的到来，结果股价上涨到15元钱你还没有卖出，一直到股价跌到2元钱，你才亏本卖出了……

你这是怎么了？

综合了我所有的交易错误，我发现，这主要是因为我们太过于关注价格每时每刻的变化了，过于关注股价的变化，会对我们的情绪产生最直接的影响，股价在变化，你的心也在变化，你的心在变化，你的计划也开始变化了。即便是一个颇有经验的投机老手，如果每时每刻都不离报价屏，也会产生不应有的冲动。所以如果你总是被行情的波动牵制着，根本就无法运用自己的智慧。更重要的是，在这种情况下，外界对你的影响也会变得非常明显，每当你听到符合自己的意见时就会心潮澎湃，欢欣鼓舞；而每当你听到与自己的看法相反的意见时，又会变得六神无主，信心顿失。然而每到这个时候，往往都是投机者做错决定的时候。

所以，在这里，我不得不说，决定好了的事情就不要轻易改变。心随价变正是投机挫败的主要因素之一。无论你的交易计划多么完善，多有价值，如果你不能够控制好自己的心态，不能够坚定不移地遵守自己的交易规则，用不了多久，你就会心力交瘁，疲惫不堪。因为你的行动和你的计划是相驳斥的，即便是你的计划可能不会给你带来任何收益，但遵循它，你却能够得到循规蹈矩之益。遵守规则，循规蹈矩，正是投机者应该学习的最重要的一项技能，它的作用犹如驾驶员所学习的交通法规。只要遵章驾驶，你就能够避免很多风险，始终处于最有效且最安全的境地。

交易是一项工作，不是碰运气的赌桌。你完全不必那么惊慌失措地对待行情中每时每刻的涨跌，更没有必要心情急切地想要在一年的时间里让自己的资金翻几番，我想你即便是和一家公司签订一项为期10年的用工合同，你也不可能要求公司在你仅仅工作了一年的时间里付给你10年的薪水。不要把成功与一朝暴富挂起钩来，一定要把投机交易当成是一项你有可能干一辈子的工作，或当成是你有可能要经营一辈子的生意来打理，这样你就不会每时每刻那样焦躁不安了。

记住，经验是你对以前事物的一种体会和感觉，它可以提高你应对事物的能力。多留意交易中的每个细节，试着发现其中的不足，并在此基础上不断完善它、修正它，这是你不断进步的基础，也是你在未来成功的必备前提。

第9堂课

Lecture 9

喜欢对比是投机者的通病，但也是万恶之根，相对论的怪圈也是失败的怪圈。

是谁把我们变成了倒霉蛋？

我通常认为，很多人之所以变成投机市场的倒霉蛋，往往是因为喜欢与别人攀比而导致其无法固定地信守自己的方法和持有已经看好的股票。

问一问自己，你是否会因为别人的股票上涨了100%，而自己的股票只上涨了20%就开始心情焦躁，大有斩仓换股的念头？

如果你的回答是"有"那你一定要意识到你的这种想法有可能会给你带来不小的麻烦。

很多人都有与别人攀比的习惯，比如别人有的东西我们也应该有，如果我们没有的话似乎是一件很丢面子的事。但如果将生活中的这种爱攀比的习惯带入投机市场，那你可能就会吃尽苦头。

我身边的一些朋友，总会聚在一起谈论这一段时间交易所里的某个人又赚了多少钱，他买入的那个股票又上涨了百分之多少。羡慕之情不绝于表。但接下来，我们就会看到这些人会分成3种——第一种是打算与其深交一下，以便能够从那人的交易中讨取一些秘方，这种人只占很少的一部分；第二种是只羡慕，但行动上却无动于衷，虽然表面上自叹不如，内心却异常嫉妒；最后一种会不断地询问、打听这个人下一次会买什么股票，然后打算跟随买入。

而这其中最让人担心的就是第二种人，因为这种人的好胜之心和嫉妒之心都比较强烈，他们喜欢与人攀比，只要别人买的股票比他的涨得多，他就不高兴。所以这种人往往会因为过于好胜的性格，迫使自己一定要去做一些超出自己能力之外的事情。素不知有些人的运气就是好，买哪个股票哪个就上涨，这样的事情在投机市场中并不少见，即便是久经沙场的老手很多时候也只能摇头叹息，自叹不如。

所以，投机者必须知道，投机市场中不可思议的事情非常多，如果你总是以好胜之心对待，喜欢和别人攀比，那么最后即使你累得吐血也无济于事。因为当一个人碰到好运气的时候，人的能力就会退而求其次了。虽然我们不提倡在投机市场中碰运气，但我们却不能忽略它的作用。

我就曾遇到过这样的事情，我买入的3个股票只有一个在上涨，其中一个我持有了一年它也没有上涨，而我平时并不怎么看好的一个朋友买了两个我并不看好的股票，但这两个股票在一个月内大涨了60%以上，让我望尘莫及。

目前，我持有的3个股票中，依然只有一个在上涨，上涨的幅度只有80%，一个在小涨，一个是我在2008年8月开始建仓的股票一直持有至今，到2009年12月25日也只赚了不到10%；而我的另一个朋友却在2008年的11月抄了个大底买入一个股票，迄今为止，已经上涨了300%以上。这真的让我自叹不如。在起初我也曾经尝试超越他们，但是后来我才发现，原来市场中的很多事情是你无法超越的，也是你无法攀比的。现实当中的很多事情都会出乎我们的意料，谁能料到当初你同班的那个淘气的孩子竟然变成了企业家，谁能料到当初你同桌的那个貌不惊人整天穿着吊脚裤的钢牙妹，最后竟然成了万人瞩目的大明星。

现实就是如此的不可思议，如此的不可琢磨。我们认为行的东西它偏偏不行，我们认为不行的东西它又偏偏行。这样的例子举不胜举，我们无法说这是能力还是运气。所以，现实中的很多事情让我们根本就没得比，也没有必要去比。"同行不同利"的谚语，也适用于投机市场。但我们可以确定的是，在投机市场中，只有那些经验充足而又勤奋好学的投机者才能够长期稳定地获利，靠运气只能得到一时之快。

于是，我做出了这样的总结，成功的意义在于你是否把一件事情做到最好了，而无关乎谁得到的最多，你大学时学习最好的同学未必在将来就是你们所有同学中赚钱最多的人，但我们却必须承认，这家伙的确有能力。

所以我认为，在投机市场贪婪不是毛病，但在不该贪婪的时候贪婪，以及因为喜欢与别人攀比而诱发了你的贪婪，这才是不可原谅的错误。

第10堂课

Lecture 10

请放弃你对运气和缘分的期盼，相信他们就像相信终归有一天钱会自己掉进你的口袋一样。

我通常会把运气归结为及时雨，比如，我最需要钱的时候，我感觉某一个股票会上涨，然后它真的上涨了，我买的那个股票在一个多月的时间里上涨了一倍；再比如我预计这个股票按照我的判断只能上涨50%左右，但结果它上涨了120%，大大超过我的预期。我通常会把这种意料之外的好事情，称之为运气好。因为它不是我意料之中的，我无法预期，所以我通常会在规划时把这种意外的好事排除在外，并以最保守的盈利目标来预期自己的交易绩效。

当然，我也并非总是那么好运气，我也会遇到那些让我苦不堪言的事情，比如我总是认为我的股票应该上涨了，但它就不上涨，反而出现下跌；我认为它可能不会上涨了，当我卖出去之后，它却上涨了；我认为这个股票最起码应该上涨60%，但它只上涨了10%就开始大幅下挫；我认为它再下跌30%就应该止跌了，但它下跌了50%还没有停止的迹象……总之，那时候的我不是估计过高，就是估计过低，不是买得太早，就是买得太晚。所以，最终我发现，我对运气的"猜测"就像是掷铜板一样，有时候准，有时候不准，根本就无法依赖或笃信。

现实中，我们的确会发现有一些人的运气似乎很好，什么都不懂却大赚了一笔，有一些人似乎很懂股票，但结果却亏得一塌糊涂。

我有一段时间就曾经怀疑过自己这样不停地研究市场、研究行情走势是不是真的值得。后来我发现，运气和能力都有用，在投机市场有三种人可以赚到大钱。第一种人是运气特别好的人，他自身的自然的行为模式恰巧连续符合了市场运行的轨迹，于是他便在连续的一段时间里收益大增，变成了常胜将军。第二种人就是那些能力非凡的人，他们在投机市场中依靠自己超凡的操作技能和多年拼打的经验稳妥持久地盈利，最终让自己变成了一个有钱人。第三种人就是能力超凡且运气又好的人，他们可以凭借自己的超凡能力时不时抓住一些出乎自己意料之外的好股票，让自己成就斐然，遥遥领先于其他投机者，不但赚到了大笔的钱，还能够让所有的人敬仰。

所以最终我做出了这样一个结论，一个人如果只有能力没有运气，那他的事业必定会像一个没放酵母的馒头，虽然也可以吃，但始终缺乏馒头应有的那种口感。

然而，在现实当中，我们却不能一味地期盼好运气。因为投机就像农夫种田一样，如果你的耕种技术高明，所用的种子也是优良的，并且你又选择了最肥沃的土地，那么你最后的收成一定会比别人强。但是决定能否丰收的关键却不在农夫那里，而在于当年是否风调雨顺。所以优秀的农夫在耕种的时候并不会考虑当年会不会风调雨顺，但他们依然会尽职尽责地耕地、播种、施肥，他们可不会将当年会不会有及时雨这个问题放在首位，而首先考虑如果一旦有了及时雨，我种的麦子会收获多少，或一旦下了大暴雨我是不是会颗粒无收。因为好运气会不会有的关键是：你在以前有没有为迎接好运气而做好准备。

　　任何人都会有运气好的时候和运气差的时候，就像是农夫既会遇到风调雨顺的丰收年，也会遇到干旱无雨的欠收年。所以一个投机者必须知道，投机市场也是如此，当整个市场形势一片大好的时候，那些操作技术比较高超的投机者必定会赚取到最丰厚的收益，当市场一片跌势的时候，他们也赚不到多少钱（具有做空机制的市场除外），虽然有那么一小部分人，会因为一时运气好而买到了一个逆势上涨的股票大赚了一笔，但这并不是技术。所以投机者切不可将投机市场中的运气误认为是技术。运气虽然能够提振我们的士气，提高我们的交易绩效，但聪明的投机者却不会为了碰运气而交易，因为他们知道，投机者要想取得必然的成功，就必须提前做好那些能够促成自己成功的各种事情，给成功留下寻找你的脚印，好运气才会循着你的足迹送上门来。换言之，如果你不去做，你就不会有运气。正所谓：尽人之力，听天之命。

　　我们再来解释一下缘分这个话题。不要误认为，我讲述这个话题对投机没有帮助，相反，他不但对你思考成功之道有帮助，还会让你对缘分和机遇等问题有一个全新的认识。

　　我们先来看两个例子。

　　第一个例子是：两个人谈了好多年的恋爱，结果这两个人最后并没有在一起，于是很多人就会说："他们两个没有缘分。"

　　第二个例子是：两个人在小学的时候是同学，到了中学还是同学，到了高中还是同学，到了上大学的时候，两个人因为志愿不同分开了，几年以后两个人又到了同一家公司，他们感到很意外，之后两个人便开始恋爱，人们会说："他们两个真有缘分，这完全是一种缘分。"

　　我们为什么总是喜欢为一些非常具有戏剧性的偶然事情穿上神秘的外衣呢？

　　接下来，我们来解释一下这两个例子。第一个例子中两人分手的原因会有很多种，比如两者在长时间的交往中发现双方性格不和，最终只能分手；再比如，两者可能在某些条件下发生了一些改变，比方一个考上了名牌大学，一个则退学进了工厂，两者之间有了某种距离，最终也只能分手；还有一种比较常见的原因就是，其中的一方发现了更适合自己的人，于是他们也只得分手，否则就只能给双方带来更多的麻烦……

总之，两人分手的原因各种各样，在这些问题上，我们无法用对方忠诚还是不忠诚来评判事情的原委。

除此之外，还有一种情况，那就是很多家庭中的子女在挑选结婚对象的时候，父母都会跟着参与意见，并最终综合多方面的对比和意见来决定应该结婚的对象，这个时候，我们还能说一切要看缘分吗？

换句话说，我们通常都会将这种失败的恋爱说成是没有缘分，而将成功的恋爱说成是有缘分，并以此来安慰自己。

我们仔细地回想一下，自己的每一场失败的恋情原因何在？我想你一定能够找到确凿的理由，只不过你喜欢将这种明摆着的理由说成是缘分不到或没有缘分而已，因为只有这样你才会好受些。

经历了几次不太顺利的恋情之后，有些人就开始对今后的生活失去信心，并将一切交给"缘分"这个虚无缥缈的碰运气的"东西"来安排。当你真的遇到合适的对象时，你又会说："可能我们俩真的有缘，你看在公交车上，你捡到了我的钱包还给了我，就这样我们开始认识并开始交往了。"

这是多么美丽而又荒谬的理由啊！

通过上面的解释，第二个例子的原因也就显而易见了，原因就是能让两个人认识并交往的理由也是各种各样的，有的是别人介绍，有的是自己追求心仪的对象，有的是偶尔碰到的，你们的交往理由只不过是最少见的其中的一种而已。

总之，世界上没有谁一定应该和谁结合这回事，而是如果你有幸认识了你自己所喜欢的人，并能够珍惜你们两人之间的感情，直到你们老死为止，这才是最重要的。

换言之，我们不需要过分关注相识的理由多么奇妙、多么美好，因为美好的理由和美好的开始与你们能否白头偕老没有任何关系，能够决定你们是否白头偕老的关键因素是你们是否相互理解并关心对方，以及你们能否及时反省自己的错误，共同经营自己的美好婚姻。并且现实中也有一部分婚姻之所以成为婚姻，只不过是因为有某种因素夹杂其中，而必须维持的一种婚姻形式而已，这与有没有缘分一点关系都没有。

所以幸福的家庭完全是两个人辛勤经营的结果，跟"姻缘线"和"月老"没有一点关系，聪明的人从来不会将一些美妙的开始或悲壮的结果看成是缘分所致，因为如果真有缘分存在，那天下也就没有花花公子和妓女的存在了。

通过上面的解释，我们可以知道，人生中两个人为什么会合合分分最终到了一起，或最终没到一起，其实这依然是一种必然中的偶然而已。换言之，任何两个人的相识都不是那么唯一的，其实只是几千万分之一的概率，你们只是在这些众多的类型里面"挑选"了一个而已。但是小概率的事情往往会让人拍案称奇。

这是多么让人诧异的一件事情。极小概率的巧合我们会用异样的眼光来看待它，并将它与"姻缘线"和"月老"挂上了钩。其实这只不过是无稽之谈。因为，计划生育政策的出台，可以导致所有"命中"会有五个儿子的家庭，全部只能生有一个儿子；新婚姻法和一夫一妻制度的出现，会让那些命中会有三妻四妾的富豪只能够拥有一个妻子，缘分哪里去了？神明是谁？命运又是什么？我想你心里自有定夺。

为了彻底打消你心中的疑惑，我们再来解析两个关于如何改变运气和命运的例子。

第一个例子是"送子娘娘"的故事。

在我很小的时候，我们老家有一个能够为年轻夫妇求子的"送子娘娘"，只要她为你画上几道符，保准让你要男孩生男孩，要女孩生女孩，收费200元钱（当然在农村的人通常都是来求男孩的），并且"送子娘娘"向你保证：她现在只收取讨符人一半的钱，就是100元的礼金——如果你要男孩结果生了女孩，你此时送来的100元的礼金必定会全额退还；如果你生了男孩，你就需要抱着孩子来补交另一半的100元礼金。如果她失信了，她就会遭到天谴；如果对方失信了，孩子就会夭折。

结果这家的生意从开始的那一天，来求子的人就络绎不绝，从无钱无权的农民到有钱有权的达官贵人，每日来的人踏破了门槛，并且那些已经怀孕的人也来向这个送子娘娘讨一道符，以求能够生个男孩。

几个月之后，几乎每天都有人来补交当初没交的那100元钱，并且每个人都喜气洋洋，万分感谢，总之美誉之言不绝于口。就这样，这家人的生意越来越火，收入也是大为可观。

她真的有这本事吗？

稍微有点头脑的人也就会知道，这不可能。

那么为什么会有那么多人都生了男孩呢？

后来我长大一些时才明白了其中的道理。其实原因很简单，一切都是我总是不断提到的那个"必然性"，因为即便没有她的那道符，那些怀了男孩的孕妇还是会生男孩，当然那些生了男孩的人会误认为他们生了男孩是因为有了那道符，所以会千恩万谢地去补交那100元的礼金，并且还有一些人为了讨个吉利，表示感谢，会多给"送子娘娘"几十到几百元的礼金。而那些没有生男孩的人则会认为自己没有那个福分，也就不去讨要先前交的那100元钱了，即便是有一些人去讨要，"送子娘娘"也会很大方地将那100元钱还给他，并说："这道符不灵，很有可能是你们祖上的风水有问题。"或"你们家里今年是不是买过一些与孩子相冲的东西，或家里动过土。"实际上，在农村很多人的家里说不准什么时候就有可能修修墙、补补猪圈，这是很常见的事情。但是从这个"送子娘娘"的嘴里说出来，就会显得非常神奇，因为不断有人点头道：确实有过这样的事。

于是，这个"送子娘娘"在别人的眼里，不但是一位信守承诺的人，还是一位法力高深的"菩萨"。

换句话说，一百个人中，总会有将近一半的人会怀上男孩，另外一半怀上女孩。而"送子娘娘"赚的就是那一半怀男孩的人的钱。这一百个人中每人交100元钱，她就能有一万元钱的毛收入，即便是有一半的人生女孩，"送子娘娘"把那5000元钱还给他们，她依然还会赚取每个生男孩的人交的100元钱，共计5000元钱的纯收入。但是为了能够赚足这100个人的一万元钱，她会让那些生男孩的人为那些生女孩的人埋单，告诉所有的人，她现在只收取来求符的人一半的钱，以显示自己的诚信和把握，她怕那些生了男孩的人不来补交那另外的100元钱，她就说："如果她失信了，不给人退钱，她会遭到天谴；如果对方生了男孩不来补交剩余的100元钱，孩子就会夭折，因为这是送子观音送的孩子，如果你不知道感谢观音，辜负了观音对你们家的福泽，她就会将孩子收回去。"所以大多数生了男孩的人都会为了讨个吉利，不但会补交剩余的100元钱，有的甚至还会多加一些礼金，表示对她的感谢和对观音菩萨的虔诚。而实际上，50个没生男孩的人中，只会有很少部分人会回去讨要那100元钱。所以"送子娘娘"最终收到的钱，会远多于原先计划中的那一万元钱。

我们再来解析一下风靡生意界的"讨福头"的原理。当然我没有任何剥夺你的宗教信仰的想法，我只是在解释一种各旅游区所谓的"讨福头"的原理。

我有一个做生意的朋友，他非常喜欢在每一年的某个日子去一些古迹名地求神拜佛，希望神明能够保佑他生意兴隆，特别是在有重大决策的时候，如果不去讨个福头，他干什么都会不安心，只要生意一有什么不如意，他就会怀疑这是不是因为没有去讨福头，所以才会这么不顺利。当然这庙堂也并不是保佑了就可以的，当你发了财之后是需要回来还愿的，即需要买一些东西或捐赠一些钱物，来答谢神明的保佑。

而实际上，这依然是建立在一种必然中的期望而已，因为那些讨福头的人往往是因为对未来的不确定性感到有些心中没底，于是便通过信仰的形式来释放自己心中的焦虑。他们会认为他们讨了福头，所以在做生意的时候，有神明保佑着他们，于是他们的信心也就充足了，也敢于放心大胆地去做了，如果一旦有了某种有利的事情发生，比如在做生意的时候有人帮助，或出差的时候逃过一劫，他们就会更加坚定弟认为"讨福头"给了他们很大的帮助，特别是赚了钱以后，他们通常会更加坚定地相信"讨福头"很灵！

然而实际上我们知道，一大群人中总会有那么几个运气好的人，这些都只不过是一种必然性而已。因为，有这么多做生意的人自然会有很大一部分人能够赚钱，当然每一个赚了钱的人都会认为是神灵在保佑他们赚了钱。

现实当中还有很多诸如此类的事情，往往都是利用了事物的必然性，让人们在不知不觉中放弃了自我意识，而倾向于神明的保佑。

所以我不得不说，投机者必须要习惯于自己做出决定，并习惯建立自己的信心，而不是寻求神灵的庇佑。你必须知道，当你能够坚持长期独立思考，并自地做出正确的决定，财富也正在步步向你靠近。只要你能够始终如一地信奉自己的交易规则，并能够摒弃那些不切实际的希望，尽量降低自己的收益预期，你会发现似乎你总能够碰到一些超出你预期之外的好运气，让你感到好运气经常会降临在你的头上。如果你总是期望每年赚上几倍的收益，致使自己有了不符合现实的预期，那你必定会感到事事不顺，厄运不断。

记住，投机者不能因为祈福而获利，企图依靠神明和其他非自然的力量给自己带来好运，只能让你变得贫穷而愚蠢。聪明的投机者知道，要想在投机市场好运常在，必须自己先做好，并尽量降低自己的热望，要保守估计自己的收益情况，学会调低自己对收益的预期，只有这样，你才能够经常感觉到好运降临。所以，不要建立一些高不可攀的目标，然后傻等奇迹的到来。还是那句话，聪明的投机者通常都是抱着"尽人之力，听天之命"的心态进行交易，合理预估自己的收益，理性看待市场的风险，让好运发生在自己的预料之中，而不是出乎人的预料之外。

第11堂课

Lecture 11

天不救无根之苗，佛不渡无缘之人。

我们知道了那些迷信神明保佑的投机者，通常得不到神明的保佑，他们所得到的本来就是自己应该得到的，或必然得到的。换言之，即便是不求助于神明的保佑，只要目标准确，方法得当，他们依然会得到他们应得到的东西。

知道了上面的道理，那么本章中的内容也就非常容易理解了。

在现实中，我们会看到很多缺乏正确投机理念的投机者错误地认为，投机本来就是靠运气的行当，其本身就具备了赌博的性质。

但从那些令人敬仰的赌场赢家那里，我们却看到了赌博的另一面，原来想在赌博中赢也是有技术的，因为那些技术相对高超的人总是能够赢多输少，而那些技术太差的人总是输多赢少，并最终倾家荡产。

从世界扑克王大赛中，我们可以发现，那些赢家往往对数字非常敏感，他们很快就会根据自己的局部计算出目前这一场赌局中自己的赢率有多大，回报率有多大，他们应该继续下注，还是停止下注以及下多大的注和如何出牌才能赢得最多输得最少。换言之，他们就是在不断地快速思考这些问题。

我们再来想一下，在现实中那些打麻将的人，有些人总是打得比别人好，几乎每天都能够赢一些钱，而另一些技术差一些的人却总是在当"书记"。所以，我们总是能发现一些对数字敏感的人的麻将水平总是会比别人好。

如果你还对我说的有疑问，还认为赌场全靠运气，那我建议你去跟国际扑克王大赛的冠军对局一下看看，看你是否能够靠着运气赢了他。

这进一步说明，投机交易虽然具备了赌博的性质，但想要稳定长久地赢，就不能纯靠运气，而是需要靠技术。只有在两者（多者）能力旗鼓相当的时候，运气才开始产生一定的决定性作用，而实际上，这种运气也只不过来自于对方的失误而已。

我们就来解释一下，在能力旗鼓相当的几个人之间的运气因素，是如何作用的。

在GP摩托车世界锦标赛中我们会发现，那些技术水平逊色一些、赛车性能稍差一些的车手，通常很快就会被那些技术水平高超且赛车性能优良的车手抛在后边。换言之，一个车手有没有夺冠的可能以及其技术的好坏，在几圈之内就已经基本上可以确定了，水平高的车手和水平低的车手，在几圈内就可以清楚明白地区分开了。而我们通常所看到的最精彩的部分，就是那些技术水平更胜一筹和赛车性能更加优良的车手之间的较量。

而实际上，我们会发现，那些技术高超的赛手之间所拉开的距离并不是很大，甚至有时候还会并排而行。在这样紧迫的追逐中，他们的车速往往都会达到300km/h，甚至达到320km/h以上，就是说每秒90米以上的速度，想一想如果是我们在这样高速的车中会是一个什么样的感受？我想，答案不言而喻，我们会被吓傻的。因为这完全是智慧、技术、勇气三者的综合较量，是一个没有经过长期刻苦训练的普通人无法承受的，如果没有亲眼所见，仅以平常的逻辑来思考，这简直是难以想象的。

在这样水平相当的较量中，运气似乎会起一些积极或消极的作用，比如有的赛车手在进站加油的时候耽误了一些时间，于是让另一名赛车手超过了自己；或其中的一位赛车手在拐弯的时候出现了判断上的失误，让另一个赛车手趁机追上了，导致自己与冠军的宝座失之交臂；为了让运气的因素更明显一些，我们也可以说前面的两个赛车手因为竞争过度导致了刮蹭，让第三名的车手趁机超了过去，好运气降到了他的身上，最终的冠军让原本是第三名的赛车手夺得了。我们可以说：这个赛车手是因为运气好，所以才夺得了冠军。

然而，我们再回过头来想一想，好运气为什么不降临在第九名或第十名的赛车手身上？原因就是他们的技术与前三者相差太大。简而言之，好运气也是降临在那些水平相对较高的人身上。很多经验不足的赛车手能够跑完整场比赛也算是运气不错了。即，好运气是靠超凡的技术和能力夺来的，而不是靠求神拜佛求来的。如果你的能力不及，即便是有好运气，也会被那些能力强、实力足的人抢走了。所以好运气不会自动落到你身上，他需要你去争取，不要错误地认为运气是神明特意给谁留的。

所以，臭棋篓子和臭棋篓子下棋的确需要运气，运气很重要，但如果要聂卫平和一个臭棋篓子下棋，就根本不需要运气，因为他具有压倒性的技巧和能力，运气对他而言没有多大作用。

还是回到投机的问题上来，我们就会发现，为什么那些经验充足的投机者，总会比那些入市不久的新手赢得多而输得少呢？原因就是他们比新手具有更多的技术，也具有更丰富的经验。

所以，一个投机者要想在投机市场长久生存并不断获利，技术和能力就是很重要的因素，它不但可以帮助你及时把握机会，还可以帮助你及时避开风险，将那些本应属于你的利润收入囊中。所以，投机市场需要好运气，大多数好运气往往也会被那些技术高超的人捷足先登了，而那些技术不过关的人能够碰上好运气的机会简直凤毛麟角，即便是能够碰上好运气，也不会持久。所以，投机者不能因为个别人凭着一时走运赚了一笔大钱，就相信他们所言的"投机全凭运气"之类的鬼话。也不要因为自己某一次买了一个股票涨幅大大超过了自己的预期，就误认为运气才是投机者获利赚钱的主要因素。不要将运气和技术本末倒置，如果你不努力学习交易知识，不下工夫研究交易技术，你获利的机会就会非常渺茫。在投机市场中，技术越高的人运气就越好，技术越高超的人抓住好股票的机会就会越高。这毋庸置疑。

记住，长时间的锻炼，可以使肌肉骨骼发达有力；长时间的思考，可以使人思路清晰、思维敏捷，增强决断力；有了清晰的思路，有了高超的技术，幸运之神才愿意降福与你，好机会不会无缘无故降临在那些技术太差且又听天由命的人身上。如题所言：天不救无根之苗，佛不渡无缘之人。一切好运都由你而起。

第12堂课

Lecture 12

坏事无孔不入，赌徒十赌九输，人生十有八九不如意，投机也是如此。贪婪而又不自知，正是溃败者的特征。

变化无常正是市场的本来面目，所以在投机市场中企图把把都中，很显然不切实际。

学习投机的时候我们应该先学习什么？在大多数人的思维中通常都是：先学习买入技术！因为大多数人都太急于赚钱了。

然而现实告诉我们，你越是急着赚钱，你就越赚不到钱，而那些能将利益抛之脑后却把风险挂在心上的人却能够不断赚到钱。

换言之，在投机市场中生存，我们首先要学会的是具有风险意识，并学会如何在风险袭来之时及时逃脱。即，投机者首先要学会的是逃生的技术。这就像一个刚刚学习捕鱼的渔夫，在登上木筏学习捕鱼之前，必须要先学会游泳。所以，在投机市场，一开始你就需要有甘心承受风险的准备，并认真学习应对风险的技能。因为风险是投机市场的一个非常有分量的组成部分，是不可或缺也无法排除的。

但是，我们却总是看到投机市场中有很多不会游泳的人，在大海中驾着木筏频繁地撒网捕鱼。当然，风平浪静的时候，他们靠着紧抓桅杆也可以有点收获，但是一旦遇到狂风暴雨，他们立刻就会陷于重重危险之中，因为他们都是些孬水手，没有逃生的本领，他们只是一些急着捕鱼赚钱，"还没来得及"学习游泳的人。

然而，我们必须知道，在现实交易中，投机者所承担的风险只会比渔夫多，不会比渔夫少，并且投机市场的变化与大海一样，说变就变了。所以在投机市场中经历的时间越久，你就越会觉得投机市场风险莫测，并且很多时候你都会处于风险的边缘，稍不留神，就可能给你带来不可估量的后果，学会如何逃生，意义重大。

如果不带成见地看问题，我们就会发现，当你买进一个股票的时候，错误也会开始不断出现，很多缺乏经验的投机者会因为缺乏应对风险的技能而感到无助，他们会倾向于到处寻找有关这个股票的消息，到处去寻求别人的意见，别人的意见往往会给他们的决策带来不小的影响，并且人们通常会倾向于服从声音急切的意见而不是理性的意见。

有经验的投机者知道，现实中的交易通常会错误不断，即便是你偶尔能够碰到一连串的盈利，那也只不过是因为行情处于有利的形势而已，如果你就此认为自己对时机的把握已经达到了出神入化、炉火纯青的境界，那很明显，你太高估了自己。因为你只不过像一个赌徒连续押中了赌轮中的某些数字而已。然而这种市场现象往往会让那些对市场略知一二的人产生某种超越现实的幻觉，一旦遇到一连串的盈利或一连串的大赢小输，他们就会错误认为这完全是因为自己技能超群，从而开始建立一些不合理的预期，变得贪婪而不自知。而那些入市不久的"生瓜蛋"则更容易被这种假象所迷惑，他们会因此而忽略风险，最终因贪婪而千金散尽。这说明连续的盈利会让那些水平一般的人过高地估计自己，也会让那些对市场一窍不通的人盲目乐观；相反，连续的亏损也会让他们精神沮丧，盲目悲观，失去最后的信心。

在我交易橡胶期货的那段时间，曾经连续不出错赢过8次，并且小错一次之后，又连续赢过5次，那一段时间我那5万元钱，在三个多月的时间里增长到23万元，但我与各位一样，误认为那是因为我的技能超群，我已经掌握了期货市场的交易秘诀，掌握了别人尚未知晓的赚钱秘方，才会让我如此风光。但结果却让人不堪回首，在三个多月的时间里，我开始不断出错，心情也变得非常差，从开始出错时的不屑一顾，到最后瞪大了双眼不知如何是好，因为越出错，我就越想把那些亏损了的钱追回来，这直接导致我放弃原则，步入频繁交易的境地。两个月过后，我的资金只剩下3万元多一点。

我被好运气送上了天，结果又摔了下来，被市场打回了原型。道理很简单，我把运气当成了技术，好运气让我迷失了双眼，飘飘然了。之后的很长一段时间里，我都是一无所获。一次好翻身的机会就这样跟我擦肩而过了，我不得不打起精神从头再来。所以，这才让我有了那句话："当你不知道自己的大钱从何而来的时候，不要加大自己的注码，等自己明白过来再说，因为很可能你是抓住了一次好运气。"

从那次开始，我常常会把一连串的盈利叫做运气，她只是交易中的一种必然存在的形式，就像是掷铜板，它不可能总是正面背面、正面背面这样间断出现，它有时会出现一连串的正面，有时候也会出现一连串的反面，这并不是技术。在投机市场中就是这个样子，在你遇到一连串的盈利时，其实只不过是因为你的行为模式和交易模式在某一段时间里完全符合了市场的变化而已，无论你是一个高水平的交易者还是低水平的交易者，这种情况都会出现，且都可以这样解释，这与一个人的水平没有关系。

我们不妨可以做这样一个实验，让一个不懂投机的小学生和一个专业投机者来搞一个"预测"比赛，看一下他们的结果会怎么样。如果按照正常的逻辑，我们会认为专业投机者对股市的"预测"应该要好于不懂股票的小学生，然而事实上他俩预测的结果基本上差不多。

这说明，投机获利的关键并不是一定要依赖一套概率很高的交易工具，可能有的交易水平稍高一点的投机者不会赞同这一说法。

看一看下面的例子，你就会知道，一个世界级顶尖高手的盈利概率是多少了。

2000年，在日本举行了一场为期两年多的"世界杯交易冠军赛"。荣获冠军的美国人Fairy先生（拉瑞·威廉姆斯的参赛别名）的1098%的高收益，是令人惊讶的；而荣获亚军的日本人碳古道孝先生的665%的收益也同样令人振奋；而第三名的选手，我们没有他的详细资料，但只知道他的收益是在300%以上。

看了上面的成绩，我想你一定会感叹："这是多么高超的技术啊！他们的命中率最起码应该达到80%～90%！"

但我不得不告诉你，你想错了，他们的命中率没有那么高，甚至小于50%。可能你不敢相信，你一定会不可思议地回答："这怎么可能呢？这不可能！"

好在我当初买了一本记录他们交易的书，有幸这本书上记录了碳古道孝先生交易玉米的详细记录和他的盈亏总结，可以证明我说的并非虚言。

我们来看一下下面的列表，看一看碳古道孝先生的命中率如何。如表12-1中所示。

从表中我们看到了，无论盈利交易的天数还是盈利交易的次数都小于亏损交易的天数和亏损交易的次数，命中率不到50%，并且最大连续亏损天数为16天。看到这里，你的脑袋有没有"嗡"地一声变大了，这样糟糕的事情如果发生在你的交易中会是个什么样子？

利益合计	2100060日元
总交易天数	649天
总交易次数	2276次
盈利交易天数	315天
亏损交易天数	334天
盈利交易次数	981次
亏损交易次数	1295次
平均一天的盈利比率	48.5%
平均一天的亏损比率	43.1%
单日最大盈利	92740日元
单日最大亏损	-29260日元
盈利交易日的平均盈利	14360日元
亏损交易日的平均亏损	-7255日元
一天的平均盈利	3216日元
一次的平均盈利	992日元
最大连续亏损天数	16天
最大亏损幅度	-212740日元

表12-1　东京玉米2000年2月1日—2001年9月30日实施玉米当日交易大作战的交易成绩目录

　　虽然之后碳古道孝先生又将自己的交易系统进行了一次系统优化，将命中率提高了10%左右，促使利润也提升了将近10%，然而其优化的实质只是减少了一些不必要的交易，这也只不过是为了尽量提高比赛的成绩而做出的一番努力，对交易盈利的本质并没有什么改变。

　　换言之，提高命中率对投机的盈亏关系不大，改良交易系统的确能够使投机者的盈利有些增进，但它的功效却是有限的，企图通过提高命中率来扭转自己能力不足的窘境，是不现实的。如果你没有掌握"赢要尽量多，输要尽量少"的盈利本质，即便是给你世界上最棒的交易系统，你依然会输得一塌糊涂。即：提高命中率是必然的也是必须的，但它无法替代人的思考，因为决定能不能盈利的是投机者自己。

这就是世界一流高手的命中率，那么他盈利的关键在哪里？那就是要把握"赚多亏少"的原则；即时壮大有利的仓位，让盈利的头寸不断增长，并降低不利的仓位，快速截断亏损的头寸。

换言之，如果你没有掌握高超的驾驶技术，即使给你世界上跑得最快的赛车，你也拿不到锦标赛的冠军。

请记住，一连串的盈利通常会让涉市不深的投机者产生错觉，他们会误认为自己的获胜概率达到了90%或100%，然而这正是自命不凡的心理开始滋生的时候。聪明的投机者知道，交易本身就是一个盈亏掺杂的过程，风险无时不在，机会也无时不在，时而正确，时而错误正是投机交易的基本节奏，你应该去适应它、习惯它，企图破坏自然界守恒的概率法则，只能枉费心机。偶尔碰到一连串的盈利和一连串的亏损也是一种必然，是一种很正常的现象。但如果你缺乏风险意识，妄自尊大地将这种自然的必然现象界定为自己的能力所致，那用不了多久，你先前的那一连串的盈利就会被之后必然出现的 连串损失所抵消，甚至更遭。所以，只有提高自己的风险意识，长期恒定地控制风险的蔓延和在盈利的时候尽量扩大战果，才是投机获利时来运转的英明之举。总之，既不要把运气当成技术，也不要把技术当成运气。

第13堂课

Lecture 13

做事总想着退路，就意味着你为失败留下了后路，也为失败打下了基础。

投机市场中的投机者可以分为两大类型：第一种是贪婪大胆型的，第二种是胆小怕亏型的。换言之，第一种其实属于做事不顾后果的类型，第二种则是太计后果的类型。这两种人想要在投机市场成功，是有很多困难要克服的。

在上面我们已经讲了很多有关"投机勇士"的事情，所以在这里我们再谈一下胆小如鼠的投机者有可能导致的问题。

胆子太小的人往往是犹豫不决的主要群体，他们既不会坚定不移地持有一个股票，也不会在恰当的时候大胆买入一个股票，因为他们没有勇气。所以，当他们买入股票之后，只要行情稍稍下跌，他们就会冒出卖出的念头，因为他们怕亏。然而，当行情上涨的时候他们还是焦虑，因为他们担心到手的利润会很快跑掉。所以，只要行情稍稍调整，他们就会惊慌失措地卖出，以保住到手的利润。换言之，他们既怕下跌也怕上涨，前怕狼后怕虎。这样的投机者要想在投机市场生存乃至于获利是很难的，当然要想改变他们的这种性格也不容易。因为现实告诉我们，胆小的人在"前进"的时候总会考虑后路，只要前方稍不明朗，他们就有可能望风而逃。他们无法忍耐恐惧，并在极度的焦躁中探明情况之后，再决定是继续前进还是赶快撤离。

然而，投机者必须认清投机的现实，很多时候我们都必须忍受恐惧，忍受焦躁，并在极度的恐惧和焦躁中继续前行。换言之，很多时候我们都需要硬着头皮撑过去，即便是自己彻底绝望了，也需要继续坚持。所以你必须习惯这种情况，习惯在焦躁和恐惧中持有一个股票和买入一个股票，甚至是卖出一个股票。因为这种状态正是投机交易的思想"负重"感觉，属于一种必须的情感负重，是一种精神压力的具体表现，就像是你在搬运一箱货物时，你必须承受身体上的负重和身体上的压力一样。在搬运货物时，你可能会因为身体太累了而放弃搬运，在投机交易中你可能就会因为思想上的压力太大而放弃决定，但如果你这样做，那么你永远也不可能将一车货物装满，也不可能抓住一波足以改变你经济现状的大行情。

实际上，在面对重大问题的时候，精神产生压力，与搬运一块大石头一样，属于必然且正常的现象。既想赚大钱，还不想承受精神思想上的压力，就像是要想把一大箱子货物举起来，但还想不累一样，是不符合逻辑的。

换言之，投机交易中的焦虑和恐惧是投机者必须承受的思想负重，你必须按照原先的计划撑过去，并在极度的焦虑和恐惧中坚持，然后让事实说明一切。如果你无法撑过去，你的所有计划就会半途而废，包括你的投机前途，因为你不想让自己太累。很难想象一个不想让自己太累的人会在奥运会中拿到奖牌，也无法想象一个不想让自己太累的人会在投机市场中赚到钱。

就像赌玉市场中的那些买家，他们必须要熬过那些焦虑的时刻，坚持到底才有可能获得厚利的。

在玉石界有这样一说：做玉石生意要想快速发财，就必须要学会赌玉。赌玉，也称为赌石、赌货、赌料和赌石头，是一种古老的玉石材料的交易方式。那些开采玉矿的人以一定的价格将玉石的原石以一个相对较高的价格出售给那些玉石商，但玉石商在购买之前却不被允许将玉原石切开察看，只能根据玉原石的外观来赌运气。然而常人通常因为知识贫乏，所以很难看出玉原石中的含玉量，如果你看走了眼，那么你购买玉原石的几十万、上百万甚至上千万的资金就会全都泡了汤，你买下的就只是一堆烂石头；相反，如果你看准了，切开玉原石之后，里面要是上等的好翡翠，那么你就赚大了，可以一朝暴富。所以知识和经验在此时就显得尤为重要，所以，除了那些经验丰富的人之外，一般人很难从玉原石的外表准确判断出玉原石中的翡翠质地。于是，这种独特的玉原石的交易方式就被人们形象地称之为"赌玉"，具有很大的赌博特点。到目前为止，赌玉依然是翡翠原石的一种主要交易方式之一。

然而，因为在翡翠原料交易市场上大多为仔料，即翡翠砾石。由于砾石表面有一层风化皮壳的遮挡，看不到内部的情况，所以玉石商们只能根据皮壳的特征和在局部上开的"门子"（开一条缝隙），凭自己的经验来推断玉原石内部翡翠的优劣。所以通常大多数玉石商在切割原石的阶段都会非常紧张，因为虽然从一块翡翠原料的表皮上来看有色很好，甚至在切第一刀时就见了绿，但可能切第二刀时绿就没有了，这也是常有的事。相反，如果第二刀切下去，绿色依旧，基本上就可以确定这块翡翠的质地很好了，你已经发达了。

但大多数情况之下，买家都不会一刀切到位，所以第一刀切下去，有时候什么都看不到，这时候也是买家最为紧张的时候，此时切割人员会问你是不是考虑好了再切，或是等他日再切，以便让你缓解一下精神上的压力，或决定是不是就此出让这块原石，以便将损失降到最低，给自己留一条活路。当然，第一刀切下去不见绿，也不见得就是失败，所以在切割第二刀的时候就非常重要了，因为如果这一刀见绿了，那么你就有机会翻本了；相反如果第二刀还不见绿的话，大多数情况下都说明你亏定了。玉石界还有这样一句谚语："一刀穷，二刀富，三刀四刀穿麻布"。说的就是这个意思。所以开料的时刻也是最为惊心动魄的时刻，你必须承受血本无归的精神压力和一朝暴富的极度喜悦，一直等到决定你命运的第二刀和第三刀切完，如果你无法承受这种压力，中途退出，你就很容易失去本应是你的财富。赌石市场中每天都有这样悲喜交集的故事发生。

比如在2001年左右，有个赌玉的人花了50万元买了一块原石料，第一刀切开后没有见绿，便开始担心自己买的是块"臭石"，因恐惧自己血本无归，便以20万元的低价将这款原石卖给了一位港商，结果那港商拿着这块"臭石"到开料处又开了一刀下去，结果满是绿色，这港商当即将这块上等的翡翠转手出让，赚了19倍。

所以做任何事情都想着后路的人，只能把自己变成一个懦夫，已经决定好了的事情就不要轻易改变，你可能会失去你所投入的，但也有可能因此而致富。

当然，我并不是在教唆你要拿着自己的身家性命去赌一把，因为赌玉和投机是两回事，而是要你学习赌玉者的勇气和智慧，当你决定好了要做一笔交易之前，必须考虑清楚，你所投入的是不是你能够承受得了的，如果这笔交易是你能承受得了的，那你就要坚持下去，并习惯承受精神上的压力。因为在某些机会来临之时，赌注下得大了一点，就一定会产生担忧，但这些赌注必须是你能够承受的，不能够超出你的承受范围，否则即使你能够顶住压力，你的交易也有可能会失败。赌玉之所以让很多人血本无归，主要是因为他们承担了超过自己能力范围的风险。

换言之，在你进攻之前就必须想好一旦失败怎么跑，但如果一旦决定进攻了，你就绝对不能再想着逃跑了，你必须等到行情真的有些不妙时，才能按照计划逃跑，但在交易的时候你决不能总是无端地担忧，时不时地就想逃跑，你必须知道，这些无端的担忧会随时出现，你必须习惯它，接受它，并控制住它。

当然，我们还会看到一些"过分轻松"的投机者，他们总是说"反正我又不专门指望投机过活，一旦不行，我完全可以继续现有事业或其他事业"。这是很多业余投机者的通病，然而这些总是为自己留下后路的投机者大多数到最后都会应了他们自己的诺言，他们真的去做其他事业去了。因为过于宽广的后路，让他们失去了上进的动力，只要一遇到困难，他们就想退却，一直到最后真的退却了。

所以，很多业余投机者无法成功的关键，就是他们有其他的可以保障生活的职业，所以他们对投机交易的亏损总是心不在焉，他们总是在想："反正投机这一行不行了，我还有另一条路可以走。"所以他们不思进取，一旦出现错误就会用这一理由安慰自己。因为他们有后路，所以他们的生活也似乎轻松了很多，但他们却不可能在投机市场成功，因为当一个人有了退路的时候，他就会对目前的困难产生退却，缺乏解决问题的动力了，所以他们通常都会被困难击倒。就像是一个有了另一条退路的员工，通常会对上司的批评不屑一顾，他会想"反正不行的话，我就辞职"。所以这样的员工通常都不会成为优秀的员工，而那些只有一条路的员工通常都会很努力地工作。在投机市场中也是如此，一个经常想着另一条路的投机者，不会有什么进步，所以他们最终都会"辞职"，只有那些选定了目标就能够始终如一坚持到底的人，才能够在困难和压力的磨炼下不断成长，而最终成熟起来直到成功。因为能力本身就是在与困难的对抗中成长的。

换句话说，困难和压力其实就是能力和技术成长时的陪练，你必须要乐于接受，而不是寻求种种理由逃避。所以，投机的要则之一是，要为你的错误留下余地，不要拿出身家性命去赌行情，你应该在下注之前就估算出自己的风险承受能力，并根据自己的风险承受能力去下最有意义的赌注，这样一旦你的交易失败了，也不至于山穷水尽，而不是要为你的投机生涯留下后路，一旦投机失败，我还能够去烙煎饼，这是完全不同的两回事。

记住，在投入战斗之时，总想着后路的人永远不会勇敢起来，处处都为自己的失败留下后路，就会减弱你前进的动力。投机需要你提前做好承担亏损的准备，一旦你下了注，你就必须全力以赴，并坚持到底。

你必须要知道，市场经常会犯点羊癫疯，没有根据的胡乱猜疑只能自寻烦恼。但是，大多数新手在这种情况下，都会不由自主地产生焦虑。这并不奇怪，也不代表你错了。如果一点焦虑都没有，这才是不正常的。

然而，我们所提倡的坚持到底也并不是很容易做到的，它需要你有很好的耐心和毅力。经历过波动的投机者知道，很多时候不是我们不想坚守规则，也不是我们不想拥有持久的耐心，而是因为市场的变化会让我们的情绪产生过度的反应，导致我们的精神压力太大，而很多时候我们都会因为无法接受思想上的压力，最终屈服于市场的变化，放弃了本应属于自己的利润。所以，如果想在投机市场获利，你就必须学会接受"精神负重"，习惯"思想压力"，成败与否的关键就是看你能否持之以恒坚持承受"精神负重"，并在负重的时候依然能够头脑清醒地与市场"保持联系"。

第14堂课

Lecture 14

对于那些没有成本的梦，一个梦不成功，那就多做几个梦，反正也没有什么可失去的。但是那些一旦失败就让人倾家荡产的梦，则尽量少做。

人最大的缺点就是不愿意听实话，不愿意承认眼睁睁的现实。他们喜欢听从激情和喜好的摆布，去做一些与自己的条件、能力不相符的事情。他们相信只要肯努力，就一定会有成功的一天，然而投机者必须知道，如果方法不对，目标错误，坚持就会适得其反。如果一位非常有钱的年轻富商在追求一位当红的电影明星，我们会说："只要努力，就一定能成功。"因为我们知道，他有着最基本的条件——充足的物质，因此他成功的概率很大。相反，如果一位在乡下耕田的小伙子想要靠着家里养的那几头猪为资本去追求一位当红的电影明星，我们就会说："你这是自不量力。"因为我们知道他缺乏最基本的物质条件，我们甚至还会说他精神有问题，因为条件相差太悬殊了，他成功的概率非常小，简直可以忽略不计，我们也不能相信犹如抓奖券一样小概率的好事，发生在他的身上。当然，如果这个人既上进又聪明，那他成功的概率也会随之上升，因为他很可能会通过自己的聪明才智建立起足够的条件，所以我们可以对他说："好啊，努力就有成功的可能。"

换言之，对于那些没有成本，或者成本不变，一旦成功却能够获得大利的事情，甚至起死回生的机会，哪怕是只有十分之一、百分之一的机会也要试一试，哪怕只是一种随机的偶然，也应该尝试一下。总之，一个梦不成功，那就多做几个梦，因为它没有副作用，没有成本，也没有什么可失去的，并且回报远大于付出。但是那些一旦失败就让人倾家荡产的机会，尽量少试，没有十二分的把握，就不要轻易出手，因为风险太大，一旦失败会让人永无翻身之日。这样的机会就属于冒险和赌博了。

总之，如果你没有练过投球，第一个投不进去，就再投一次，早晚你会有投进去的时候，这是必然的，因为你没有成本。然而如果说，你投进一个球可以赚10元钱，如果投不进去你就要亏掉10元钱，那你就别干了，因为你准输。最好的办法就是找个地方偷偷躲起来，多加练习，一直到你有把握赢为止。

所以，我们提倡努力，但也要考虑成本，确定好自己的能力范围和条件的多少，等你掌握了超凡的能力，有了可以支撑你博一下的条件之后，你才可以说，努力就有回报！否则还是老老实实练习自己的各种技能，不要急于上台，不要轻易相信那些过分激进的"敲打"。

通过上面的讲述，我们知道了，那些鼓舞人心的话，是说给有进取心和有条件的人听的，或者说是为了激发人们的进取心。换句话说，有了进取心的人就会有机会。但是我们是否想过我们的机会有多大？我们那么有进取心，我们将所有的能力都发挥出来了，我们将自己的成功几率提高了两三倍，可是如果我们原来的几率只是千分之一，或者只是千分之二呢？这说明我们的成功概率还是非常小，那一点点的增进也完全可以忽略。

由此我们明白了，激发人们的进取心有利于提升我们自己的成功几率，如果我们既有条件，又有能力，再有进取心，那么我们的获胜几率就会大增，否则我们就是在追求偶然，追求一个千分之一二的成功概率，我们的成功就像买彩票一样，我们的执着就会变成一种顽固。

我们常说的坚持到底就有机会，只不过是要我们要敢于尝试一下，因为我们根本就不知道自己的机会有多大，在某些情况下坚持到底确实就有机会，特别是在你走投无路的时候，你必须坚持，因为只有坚持下去你才有可能救了自己一命，虽然这个概率非常小。

可是在投机市场中，如果你在一片下跌的熊市中这样想，你可能就犯了大忌。即在投机市场坚持到底必须处于有利的形势，比如熊市的末期。

然而，在现实生活中，吃饭和前途永远比兴趣更重要，除了那些少数的功成名就并且生活富裕的人，才有资格把兴趣放在第一位，否则所有的兴趣都是你成功的最大障碍。

换言之，一个赤手空拳的人要想不顾成本地把兴趣放在第一位，并希望倾一生之力来达成自己的愿望，很明显这并不是一个明智的选择，因为当你缺乏各种条件的时候，即便你有凌云之志，你的前途也会举步维艰，这样的例子举不胜举。因为在人生的方程式里，个人兴趣实现的可能性，只占一个很小的比重，只有一少部分人有幸将自己的兴趣与自己的事业结合起来，现实就是这样，你可能会有太多的想法，但你没有太多的选择，很多时候你的选择只有两个，不是进就是退，而更多的时候是你必须前进，因为你根本就没有退路，后退就意味着彻底完蛋，我们无法像有钱的公子哥那样不需要为了生存而忙碌，如何生存就是我们唯一的追求。

当然我并不是在给每一个有进取心的人泼冷水，我是在分解人生成功的方程式，以便让所有的读者都能够清楚明白地建立正确的人生目标，深刻认识人生中那些残酷的现实。首先你要知道的是，大多数人在二十岁以前都没有自己的人生目标，比如我们非常喜欢搞科学研究，可是如果我们考科技大学落榜了，我们可能就没有机会了，所以我们不得不考一个有把握的学校，除非我们的成绩非常优秀，但在这里，我们必须按照大多数人的智商和能力来解析。所以我们通常会看到一个学财会的人在搞文艺，一个研究水利的人在搞公关，并且太多的人都无法将自己的兴趣与成功挂起钩来。但也不要惋惜，很多时候你的兴趣不会毫无用处，它可以让你在一个领域中变得与众不同，虽然依此突然改变前途的人很少。

由此，我们有了这样一个结论，我们很多人的人生其实都是在追求一种不确定的成功，换言之，我们在追求一种偶然，但这种偶然是必然存在的。我们举一个简单的例子，比如一个技术很好的司机（因为在人生的开始你必须要有一样能力，这是最起码的本钱，所以我们要用司机打这个比方），他要去找一份工作，他可能要跑上十几家、几十家公司才有可能遇到录取他的公司。这说明，这个司机只要不停寻找，就一定能够找到工作，即使他现在不喜欢这家公司，他再继续找下去，一定还会再有另一家公司录用他。

这样，人生的成功就有了一个清晰的解释了，首先你自己要有最起码的本钱，那就是你的兴趣和特长，之后你才能往下继续，但是这期间你必须知道，只有少数人一开始就能够根据自己的兴趣和特长一下子找适合到自己的舞台，大多数人都会像上面我们提到的司机一样，需要经过很长时间才有可能找到属于自己的舞台。但人生是一个漫长的过程，不是一名司机，只要坚持个一两年，那基本上他都可以找到一份适合自己的工作。所以很多时候你不得不先为自己的生活打算，等生活稳定下来再说。

我现在可以说，我最喜欢的工作就是投机，但我也有其他的兴趣，以我目前的条件我知道我必须摒弃原先的那些兴趣，既然我踏上了投机这一行，我就必须热爱它，喜欢它，并且是发自内心的，虽然我曾被它残酷地折磨过。因为，我爱的是通过交易来赚钱，以此来提高我的生活质量，而不是自我解嘲地提高生活情趣，交易就是我的工作，是我赢得战斗获取猎物的技能，我现在喜欢以交易为主，我可以把自己喜欢的绘画作为一项业余爱好，在闲暇之余，提高一下自己的生活情趣，但我绝不会本末倒置拿着投机来提高生活情趣。所以每当我看到那些说他们到投机市场只不过是玩一玩，为了增加一点生活情趣的人，我就只能祝他们好运了。因为投机市场不是为了满足个人兴趣而设立的，它是一个残酷的行业，请不要将投机与麻将、扑克等娱乐项目混为一谈，否则你就注定失败。

记住，没出息的人总会找各种借口，有出息的人一定会自我提高。喜欢以一己之好决定来去的投机者不会有大作为。

第15堂课

Lecture 15

在别人刚刚意识到的时候，我们已经做得很好了。

指望从一本书上找到人家赚钱的秘密，本来就不怎么现实。

最初进入投机市场的时候，我和很多失败的投机者一样，连投机市场的基本交易常识和技巧都不知道。在我第一次大亏之后，有一个朋友告诉我，我亏损的原因在于亏损之后没有及时止损，导致亏损愈来越大，亏损越大，我就越难下手卖掉。

之后，针对这个问题，我思考了很长时间。当我明白了止损的重要性时，我兴奋得一夜没睡好觉。因为通过我的思考，我觉得，只要我能够在亏损的时候停止损失，然后紧紧握住盈利的筹码，似乎很容易就可以盈利。于是我开始研究如何才能及时巧妙地止损，但到最后，我还是没有赚到钱。原因是我把止损当成了投机获利的唯一法宝。

看到各大论坛还有很多投机者都在讲"止损才是投机获利的法宝"、"止损才是投机交易中最重要的法则"、"只有学会止损，你才有可能盈利"等言论，我就知道这些人还没有掌握真正的投机之道，他们还在走我的老路。

曾经我有位朋友问我："很多人都在说，投机交易必须克服人性和严格遵守投机中的钢铁纪律，这些真的那么重要吗？"

我很清楚他的意思，他的意思是在说：我们现在根本就不用刻意思考纪律上的问题了，可是还有那么多人依然在为遵守纪律而喋喋不休，这让他有点迷惑，甚至对自己在进行每一笔交易的时候都不需要刻意思考有关纪律上的问题而感到焦虑。

所以，我给他的答案是："当别人还在将如何严格遵守投机中的各项纪律作为奋斗目标时，其实对我们而言，只不过是一种自然而然的习惯而已。你根本不必为此而烦恼。"

从此，他再也不为这件事情而焦虑了。

现实当中，这样的事情屡见不鲜，很多投机者在明白了几个道理之后，都会有一种开悟的感觉，误认为自己终于找到了投机致富的秘诀，甚至有了写书的冲动。我们必须知道，在投机市场中明白几个道理很容易，但是要将这些道理变成一种自然而然的行为意识，却需要你对投机有较深的理解和体会。因为只有那些对投机有着较深的体会和理解的人，才能够将自己学到的东西很快融入实践当中，并能准确掌握要领；而那些对投机交易缺乏了解和至深感悟的人却做不到，即使你把道理给他讲解得再清楚，他也依然不得要领。

换言之，将李小龙的功夫教给一个空手道高手，那个空手道高手很快就会掌握要领，并增进功力。但如果教给一个普通人，指望他能够很快掌握并增进功力是不可能的。所以说，无论做什么事情，都要有基础，有基础才会有增进，才能够快速增进技能。

然而让人失望的是，很多投机者连投机市场中最简单的技巧和最基本的常识都还没有掌握，就想着雄心勃勃大干一番，由此可见，在投机市场中其实很多投机者是对投机一窍不通的"文盲"，所以他们通常会把一些投机中的基本常识和基本招式，当成了克敌制胜的法宝，以至于让一些涉市不久的"生瓜蛋"产生了自以为是、自命清高的心理，并立志要去战胜市场。很明显，他们有些自不量力。

所以，我认为投机市场是个急需普及投机知识的地方，只有投机者掌握了投机交易的基本常识和基本技巧，他们才会知道哪些知识是需要继续增进的，哪些技术是需要长期磨炼的，哪些思想是需要不断精炼的。只有这样，投机者的技能才能够得到质的提升，并清楚地知道自己的能力范围和技能增进情况，避免因自不量力和螳臂挡车造成悲剧。

记住，只有全面掌握了交易技术且技能水平相对较高的投机者，才能够正确理解自己的交易，才可以不断审视自己的交易情况，并及时发现交易中出现的不足，及时修正自己的错误，并在不断的修正中学习，在学习中完善，在完善中增进。如果你对交易之道一窍不通，你就很容易去纠正一些不是问题的问题，即使你再努力纠正也是在原地打转。当你将别人努力追求的东西变成自己一种自然而然的习惯时，那么你出错的几率自然就会降到最低了，并且即使你自己错了，你也能够很快意识到并及时改正过来。否则，你就会不断遭受错误的困扰。谨记，要比别人领先，当一些东西别人刚刚意识到的时候，你必须能做到很好，并且已经很成熟了。

第16堂课

Lecture 16

找准事物发展的必然性，利用这种必然性，然后促成它开花结果。

一个不断做好事行善的人，早晚会得到一定的回报，这是一种必然性。我们还需要知道，即使很多人都坚持不懈做好事，也必然会碰到一些以怨报德的人，这也是一种必然性。这就是我总是不断提到的"必然中的偶然"，当然我们也可以称它为"必然的有序与随机的无序"。关键是，你能否接受这个事实，接受这大部分感恩图报中的这一小部分以怨报德的现象，并持之以恒继续行善。这与投机的道理是一样的，如果你想在投机市场长久稳定获利，你就必须接受这种必然中的偶然（必然）损失。因为即使你深谙投机之道，并笃信投机中的各项真理，你依然会有损失的时候，所以，如果要想笃信真理并最终成功，你就必须心甘情愿接受这些必然出现的损失和例外。

有两件事在投机市场中是显而易见的，那就是牛市和熊市，同样我们还知道，牛市和熊市也是一种必然的周期循环现象。除此之外，我们还需要知道，那些能够大幅上涨的股票往往都有着良好的业绩，而那些股价涨幅不大的股票，也通常会因为业绩增长得不太明显而出现滞后上涨的现象。

但是最让投机者头痛的是，为什么有很多业绩并不优秀的股票也会出现大幅度的上涨呢？这是不是因为造市商的人为炒作呢？答案是：这有可能！我们无法否定投机市场中的确会出现一些"以次充好"的现象，但我们却不能因此就否定"公司的业绩决定公司的价值，公司未来的价值决定股票未来的价格"这是必然的定理。

似乎我们每个人都有过购买打折产品的经历。那些大型商场每当换季的时候，就会采用打折的方法来吸引消费者，其商品的价格会比平常低很多，有的甚至只有原先定价的30%～40%。这让很多喜欢购物的购物狂们兴奋不已。这也是我最主要的购物方式。

换句话说，我大多数情况下都不会花很高的价格在夏季一开始去购买一件短袖衬衣，也不会在夏季结束的时候去购买一夹克衫，而我通常会在夏季即将结束、秋季即将到来的交接时期，去购买明年夏季的衣服或明年夏季要穿的凉鞋；而在冬天即将结束、春天即将到来的时候，去购买下一个冬天要穿的衣服。换言之，我基本上是在季末打折的时候才开始行动，而不是在季节的开始在价格最高的时候消费。

当然，在我们购物的时候，我们会发现市场中会有很多以次充好的现象，比如有些不良商家会把一些假冒名牌掺入其中，挂羊头卖狗肉，让我们白掏了冤枉钱，我们美滋滋的以为自己捡了个大便宜，而实际上是吃了大亏。

我们为什么会这样呢？

这主要是因为我们对很多产品不够了解，我们认为自己买的是名牌的便宜衬衣，而实际上只是个质量低劣的冒牌货，我们认为自己买了一瓶正宗的茅台酒，而实际上我们买回来的可能是一瓶兑了水的二锅头。这样的事情在现实生活中屡见不鲜。并且也有很多不了解、且不会分辨真假茅台酒的人在喝了假茅台酒之后会说："这茅台酒也就那么回事，跟其他的白酒没有什么区别。"从此，在他们的心中，茅台酒的口味就是当初喝的那瓶对了水的二锅头的味道。他们对茅台酒失去了信心。

在投机市场中何尝不是如此？

那些缺乏实实在在的业绩和质地的支撑，通过虚构业绩、伪造账目、炒作假题材等方式大幅炒作的少数股票，与那些假冒伪劣的产品有什么区别？买进这样的股票想要通过长期持有来获利，这又怎么可能呢？你趴在一只老鼠的身上，希望它能够跑出猎豹的速度，这岂不是异想天开？可能它偶尔可以让你获利，但风险极大。

换句话说，如果你想长期持有一个股票，你就必须购买那些质地和业绩双优的股票，但这并不代表它们不会下跌。那些没有深入研究公司的质地和价值的投机者，在不合时宜的时机买进了正处于下跌趋势中的茅台酒股票，在遭受了损失之后，他们开始否定公司价值和业绩，他们会说："我买进了中国最好的一只股票，但它却依然下跌了。所以基本面、公司质地以及业绩都是没有用的东西。你看我买了一个ST的亏损企业的股票，它却上涨了。"

但我给你的回答是："你同时买入一个ST的股票和茅台酒的股票，一同持有10年试一试。看一看哪一个会最终让你获利？哪一个会让你血本无归？"

请记住，世界上没有任何一个股票能够忽略买入时机最终可以盈利的。因为公司的业绩和质地并不决定股票下一个月或下一个周会不会上涨，它只决定股票长期的必然价值。

当然，我还听到很多投机者有这样的埋怨，他们说："中国不适合价值投资，你看看很多股票十年之前的股价和现在的股价相去甚远，很多股票的股价当初是50元，但现在只有3元，有的甚至退市了，如果采用价值投资，我们早就血本无归了，所以在中国谈论公司的价值是无稽之谈，价值投资根本就是一个万人坑。"

这真是大错特错！一个股价50元的股票，其市盈率已经接近50倍了，市净率也都超过10倍了，怎么能够符合价值投资的买入标准呢？换言之，它是一个适合价值投资的股票，但现在买入却不合时宜，因为时机不对。

所以在思考上面问题的同时，请试着回答下面的问题：

你真的认为时速能够达到350km/h的F1赛车人人都可以轻松驾驶吗？或者你真认为任何一个人都可以骑上一辆越野摩托车，弹跳到20多米的高空中来一个360度的前滚翻，并且还能够安全落地吗？如果你认为答案是否定的，你做不到，那你就应该知道，巴菲特能够拥有那么多的财富，他掌握价值投资的能力也应该与那些赛车手驾驶摩托车的能力不相上下，所以那些对市场略知一二、对价值投资的内涵不甚了解的投机者，在投机市场中进行价值投资，犹如一个还未拿到驾照的驾驶员开着舒马赫的F1赛车在赛道上飞奔，怎么可能会胜利呢？很多投机者都会在自己搞不懂、研究不透的时候干脆否定价值投资。他们不明白，"要想成功，必有难度"的道理。

更何况，价值投资本身就不是任何一个股票都适合的，价值投资也不代表不顾时机的买进即可长期持有，更重要的是，在之前的市场中，因为股票稀少，市场供求关系的不平衡，很多股票上市了好几年，依然还能保持着非常高的市盈率和市净率，在这样的股票上如何能够价值投资？

请记住，价值投资必须要求你去计算价值，并在低市净率、低市盈率、低负债率等前提下去购买那些股价低于实际价值20%以下、且收益率、市场占有率等能够决定价值等方面必须呈现高速增长态势的股票。只有买入这样的股价低于实际价值，但未来价值预期却能够大幅提高的低价股票才能长期持有，进行价值投资。想一想，你在牛市末期的高峰期购买那些市盈率达到30倍甚至50倍，且每股收益只有不到一毛钱的高价股票，如何能够进行价值投资？所以投机者一定要搞明白价值与价值投资的关系，并要随时关注这个股票的基本面和业绩收益情况，如果这个股票的基本面在不断恶化、收益在不断下降，那就是你卖出的信号，如果此时你依然不闻不问、一味长期持有，那失败也是必然的。因为你只懂得如何买股票，但你不懂得如何卖股票，在股票的价值已经开始贬值的时候，你还在持有，这就是顽固不化了，与价值投资的本身没有任何关系。这说明你的技术只学了一半，你还要努力学习另一半。

换句话说，那些股价能够大涨的股票，一定是一些业绩增长率特别高的股票，如果这样的股票处于熊末牛初，买进这样的股票长期持有，等到牛市到来之时必然会赚钱，如果你有疑问，那就打开你的行情软件看一看那些领涨大盘的绩优股，你就会发现它们每一个都有着较高的业绩增长率。

换言之，想在投机市场中通过长期持有的方式盈利，就必须利用市场的价值和牛熊转换的必然契机，也就是说，当熊市将末之际，也是牛市将至之时，我们不知道这些股票还会不会下跌，但只要它的价格足够低，质地和业绩足够好，那就应该大胆买进。即：价值投资和价值分析不是预测股票涨跌的方法，也不能够预测股票的涨跌，它只能告诉你目前股票的价值是高估还是低估。但是，在熊末牛初的时候，买入那些被市场严重低估的低价绩优股，一直持有到牛市来临，并在市场渐倾火爆的时候偷偷卖出一部分，然后在市场人气鼎沸的时候开始大批脱手，这就是投机获利的精粹所在，也是必然获利的法则！

简而言之，那些聪明的投机者通常会利用市场牛熊循环的必然规律，在熊末牛初之时大批囤积低价绩优股，因为只有那些绩优股才会在牛市到来之时必然出现大幅度的涨势，而除此之外的那些绩差股只是有可能涨而已。所以投机者的任务就是要善于识别并寻找、利用那些那些能够促进股价大涨的必然因素，然后等待那必然的牛市来促使它开花结果，获得必然的收益。而不是像那些不分时机、不选质地乱买一通的投机者那样，死抱着那些不入流的股票假装价值投资，最后遭致惨败。

正所谓，当春天来临的时候花就会开放，这不是因为花儿喜欢漂亮，而是因为时节到了，花儿必然要开。所以，在由冬转春的时节选择一盆枝叶茁壮的花，当春季到来之时，也必然会花香叶茂。

但投机者还必须知道另一个现实，那就是，业绩再好的股票，在熊市来临的时候也有可能会下跌。换句话说，即使你再精于选股，即使你总是选择绩优股，你依然会遇到亏损的情况，这不可避免。所以当你发现选择的股票已经被市场高估了，并且趋势也出现了不利的变化时，你就必须警惕风险，及时出局。在熊市的铁骑踏来之时依然死守不动，这无异于螳臂挡车。所以，在自己还没搞懂的时候，就东施效颦拿着自己输不起的钱匆匆入市，最终必然会因"制器不精，反遭其祸"。

谨记，恶劣的结果容易使人迷茫，在失败和迷茫的时候怀疑真理、否定真理，失去对真理的忠诚，你将永远误入歧途。莫名其妙的怀疑，容易使人中途放弃。投机者制胜的必然法则就是：让低价绩优股搭乘牛市的风帆，牛市会让那些好股票锦上添花。

第17堂课
Lecture 17

不要把偶然的运气当成技术，一次赢了和亏了并不能当做经验和教训。

一个能力超凡的人一旦碰到了好运气，往往会让人感到神秘而不可思议。人们也通常会将这种运气与技术相混淆，技术变成了运气，运气也变成了技术。

杰西·利弗莫尔是我最崇拜的投机商之一，因为他有着出神入化的交易能力，并且洞察力也比别人更加敏锐，以至于让很多投机者误认为他有着某种超越常人的预见力。这件事情始终困扰着杰西·利弗莫尔，甚至连他自己也说不清楚，他到底是靠着自己的能力取胜的还是靠着超能力，但最终他还是选择了相信是因为自己的能力所致。

杰西·利弗莫尔对市场的预见力的确不同凡响，在1906年4月的一天，他来到了经纪人的办公室，说要抛掉所有的联合太平洋公司的股票，这让经纪人感到很不可思议，因为当时市场正处于牛市期间，联合太平洋公司的股票正是市场中为数不多的几个热门股之一，很多投机者都在抢购这个股票，但此时杰西·利弗莫尔却要卖空这个股票，他提出的唯一理由就是：股价涨得太高了，市场修正可能很快就会来临。第二天他再一次来到经纪人的办公室，继续卖空联合太平洋公司的股票。

他的运气似乎很好，隔日于1906年4月18日，旧金山遭遇一场大地震，联合太平洋公司在这一场大地震中损失了数以百万计的资产，加上那些没有公布的潜在资产，联合太平洋公司在这场大地震中损失惨重，联合太平洋公司的股票也开始像瀑布一样极速下跌。而杰西·利弗莫尔却在这场大地震中大赚了一笔。于是，这一事件又被市场人士浓墨重彩地渲染成与超能力有关的典范。

然而，有头脑的投机者会发现，杰西·利弗莫尔卖空联合太平洋公司的股票，是因为他感觉股价上涨得太高了，市场修正可能很快就会来临，而不是感觉旧金山会发生大地震。

总之，他对了，人们也就不去追究他当时的理由是不是正确的、是不是他当初所预想的，关键是他的结果对了。

现实当中的确有不少这样歪打正着的例子，因为误打误撞而让一些原本与现实毫不相关的事物得出了与现实相吻合的结果，然而一旦这样的事情发生在一个能力超凡的人身上，就容易被人们神话。

比如，我们很多投机者都可能会有的体会就是，你发现一个股票，然后你说，这个股票因为受到趋势线的支撑，所以它这几天会上涨，结果它真的上涨了。但原因不是趋势线支撑，而是这家公司刚刚发布了一项新的盈利预增报告。但你会认为你对了，你不会去追究你的理由是否正确，你甚至会误认为有趋势线支撑的股票有可能会发布盈利预增报告，这样的驴唇不对马嘴的分析在投机市场中随处可见，可是没有人去追究，他们只要听到你对了就行。他们把运气当成了技术，也把技术当成了运气。

人们的误解还不仅仅于此。

在我进入投机市场不久，我曾碰到一个热门人士，据说此人在投机市场是一个非常有能力的人，似乎有着超能力，因为他曾经准确预测过1996年的大牛市，并在当时买入了四川长虹，大赚了一笔。于是，这个人就成了那些投机者心目中的大人物，人们总是愿意用异样的眼光看待他。

再后来我才发现，事情其实并不像人们想象中的那样，据我后来所知，那人在2001年之后的大熊市中将原先赚来的钱又悉数吐了回去，对过很多次，也错过很多次。他的交易给我的印象就像是一个杂技演员在走钢丝、玩杂耍，总是让人提心吊胆。然而，人们总会记住他对的那几次。

之后，我开始对我的交易行为和其他我认识的交易者的交易行为，进行了一段时间的总结，我发现，我们都会犯一个相同的错误，就是喜欢将自己经历过的事物当成是经验或者教训的根据。

我举个现实的例子。

我有一个朋友的父亲在2001年买入了一个股票打算长期持有，因为当时市场形势不好，所以他买入的那个股票跌了70%以上，从那以后他再也不相信股票可以长期持有了，所以他至今依然跟我说："在中国做长线交易是行不通的，在中国的股市中最主要的策略就是见利就走，不能做长期的计划，今天能拿到的钱就必须今天拿到，不要等到明天，只有拿到手的利润才是真正的利润。"明眼人很容易发现，他把自己的一个错误当成了经验，因噎废食。

与之相反，我们在现实中还会犯的一个错误就是，我们一旦做了一件什么事情，并且这件事情又让我们受益匪浅，我们就会认为有可能找到了一个成功的方法，于是，我们就会开始迷信这种方法，甚至达到执迷不悟的地步，不愿意轻易改变。

比如，有些投机者因为入市的时机较好，在牛市阶段进入，所以他们买进股票之后，一旦行情下跌了，就会继续持有，一直等到盈利了再出局。然而因为市场形势有利，所以错误的想法也产生了正确的结果。于是，他们开始相信，投机交易的秘诀就是买进之后不要害怕，只要拿着，股价就一定会涨上来，所以"买进就只管持有"就成了他们心目中盈利的法宝。

之所以会出现这种问题，主要是因为人们不喜欢持续关注市场中的事物，一次胜利和失败就会让人要么执迷不悟，误入歧途，要么心灰意冷，止步不前。即，人喜欢草率做出决定。

通过上面所讲述的，我们也可以将这一道理引申于我们在探索经验的一些问题上。

比如，有一次，我去朋友家，我习惯走一条小路，结果那条小路在一次下大雨的时候被河水冲毁了，导致我又重新返回原路，绕道而行。

第二次，我从朋友家回来时，又想走那条小路，但不知道这条小路有没有修好，于是我就在想："今天我是走一下小路试一试，过去看看那条小路修好了没有，还是等他日有了小路修好了的确凿消息，再从那条小路上通过呢？"

最终我决心走一下小路试一试，如果小路修好了，那我下一次就知道了，以后也就用不着绕路而行了；如果小路没修好，那就再返回来吧。总之，我打算亲自去探个明白。

结果小路修好了，我顺利地过去了。

当然，实际上，不管小路是否修好，我都会得到一种经验或教训，因为如果小路修好了，我肯定会兴奋地认为：凡事自己一定要勇敢地去试一下，只有试一下，才会清楚地知道结果；相反，如果小路没修好，我肯定就会有些沮丧地认为：看来，凡事不能盲目乱试，等有了确凿的把握再行动，这样就会少走很多冤枉路。

看一看上面的例子，似乎怎么做都有道理。小路通了，我得到了凡事都应该鼓足勇气试一试的经验；小路没通，我得到了凡事不能随便乱试，必须有了充足的把握和确凿的证据才能行动的教训。

我到底得到了经验还是教训？

连我自己都不知道，因为无论我记住经验还是教训都是偏颇的，因为下一次小路再被水冲毁的话，如果我还这么尝试的话，可能小路就未必修好了，那我的经验就是：在没有确凿的把握时，不要随便乱试。

换言之，我们的经验和教训很多都来自于自己目前所经历过的事情，但它是不是真的经验和教训，只有经过长期的实践之后才能够确定，而不能仅靠一两次的经历就妄下结论，因为没有时间考验的很多经验和教训也只不过是符合了一部分人的性格偏好而已。比如，有的人提倡激进一点，要勇于尝试；有的人则提倡稳妥一点，不要胡乱尝试。即，很多人的经验和教训往往来自于自己的性格偏好，这种性格偏好又决定了他们的行为取向，这种行为取向又决定了他们会接受什么样的知识，而他们所掌握的知识又决定了他们在投机市场中所愿意接受的经验和教训。

所以，不同的人有不同的性格偏好，不同的性格偏好决定不同的投机途径，不同的投机途径就会有不同的经历，不同的经历造就了不同的经验和教训。然而，当我们习惯了某种模式的时候，习惯容易使我们不太愿意做出新的选择。我们通常会因为不习惯别的模式，而放弃了其他的方式，

记住，人通常会以初次的认知为标准，一旦确定就很难改变，当你养成一种习惯时，也就形成了一种自然的行为模式。这就是人类思想中的锚定现象。然而，一个人的成功与否则很大程度上都取决于你自身的这种行为模式，但是不完整的且固定不变的行为模式正是失败的模式，也是命运的圈套。

第18堂课

Lecture 18

大多数投机者喜欢抱怨，但抱怨正是倒霉的开始。

投机市场中的很多人都喜欢抱怨，每当自己出现了亏损，他们总能够找到事不关己的理由，他们会说 "这是别人的错，那些知名人士分析的行情不够准确"，或"这是政府的错，我们的投机市场管理混乱，漏洞太多"，以及"这是造市商的错，他们太狡猾了，他们都是些骗子，其实我真的做得很不错，如果不是他们不讲道理，我肯定赚了"。换言之，他们总是在输了的时候愤愤不平地责怪专家、责怪政府、责怪造市商，而在赚钱的时候，则将所有的功劳都归为己有，认为自己的眼光很准，说这个股票能上涨，它就上涨了。总之，一切都是自己的功劳，一切都是自己的英明决策导致了盈利。

其实，聪明的投机者很清楚，那些喜欢埋怨的投机者，亏钱的真正原因完全在于他们自己，或者说，所有投机者的亏损都是自己的责任，与他人无关！

不妨回过头来想一想，我们是否为自己的交易负责过？我们是否事无巨细地清楚了解交易中的每一个细节？我们是否清楚地知道我们应该在什么情况下停止损失或平仓出局？我们是否考虑到没有按时停损会给我们带来灾难性的后果？我们是否知道即使是在制度最完善的投机市场，不负责任的交易行为依然会给你带来不可估量的麻烦？我们是否知道即便市场机制完善了，缺乏交易技能的投机者依然会亏损累累……

我想如果这些问题你都能够回答上来，你亏损的问题出在哪里也就不言而喻了，问题就在于：大多数投机者从来不从自身寻找问题，这也导致他们永远无法从根本上解决问题。因为亏损的主要原因在于你，你不能够在恰当的时机采用正确而配套的策略，在应该卖出的时候你在买入，在应该买入的时候你在卖出，这些与现实完全相反的举动，即便是上帝也无法帮助你走出泥潭。

埋怨是投机者最真实的心声，然而它却无助于你的交易，只能让你错上加错。

我有一个做服装生意的朋友，每当他店里的衣服卖不动时，他就会不断埋怨："这些顾客怎么了？他们是不是不懂服装，这么漂亮的衣服，这么好的料子，他们竟然无动于衷，真是些土老帽。"

有一次我问他："你凭什么说这些衣服漂亮？"

他说："这些衣服在全国很多城市都卖得很好，就是我们这里卖不动。"

我说："就因为这样，你就说这些衣服好，这些衣服漂亮？你认为那些美味的臭豆腐在美国会好卖吗？这些衣服没有人埋单，就说明它不好，你应该思考他们到底喜欢什么样的衣服，然后投其所好，而不是每天坐在这里埋怨。"

后来，他又建起了网店，在网店上继续卖他的衣服，然而他依然没有改变埋怨的习惯，每当客户还价的时候，他就会埋怨道："这些人都怎么了，简直贪得无厌、得寸进尺，我已经给他打了5.5折了，他们还嫌贵。"就这样几个客户都吹了。之后过了好长时间，终于有一个客户谈成了，然而他又埋怨道："这些人真无聊，明明是我们承担邮费，可凭什么他要指定快递公司呢？"

我不得已又说道："别人跟你还价钱是很正常的行为，因为他们不知道你的底价，更何况，还多少价格在于他们，但卖不卖给他们在于你；别人要你按照他们指定的快递公司发货，是希望你能把东西交给他们最方便接受和服务最好的快递公司，是因为他们知道这些快递公司服务好，能够方便快捷地把东西送到他们家里，然后他们可以喝着茶水、穿着睡衣接过邮件，这是很正常的，也是应该的。如果不是图这一点，他们就去逛商场了，也没有必要在你这里买。很多事情，不是看你做的有没有道理，而是你所做的是否符合客户的要求，这与给小孩子买东西一样，要买他喜欢的，而不是买你认为最合理的。我知道你卖的衣服价格很低，你也很讲信用，并且你还给他们找了最好的快递公司，但这不代表你可以剥夺客户讨价还价的权利和选择自己最信任的快递公司的权利。你要知道，你的价格低、讲信用、以及包邮费本来就是为了给他们实惠，让他们满意，让他们承认你做得不错。然而，当他们其中的一些人对此提出异议时，你为什么又本末倒置地去责怪他们，还要他们按照你规定的发货方式发货呢？你设定规定的目的不就是为了最大限度地让顾客满意吗？如果你的规定不能够让他们满意，那么你的规定就不再是规定，或者说还是一个需要进一步完善和改良的规定，而恰恰这些客户的要求给指出了经营中的漏洞和不足，给你指出了不完善的地方。你既然决心要尽可能多地让顾客满意，为什么就不能够答应对方的要求，换一家快递公司呢？他要求你发另一家快递公司，岂不是在告诉你，发那家快递公司才是他最满意的发货方式吗？换句话说，你的方式再好，但是不符合他的要求，你就不能说你是正确的，无论你付出了多少，没有进展就不能称为正确，只有他买了你的东西，满意了，给了你好评，才说明你做得不错。所以你应该继续努力，而不是在这里抱怨。"

　　然而，在投机市场中，这种事情比比皆是，很多投机者都在埋怨这个股票的基本面这么好，它为什么会下跌呢？那些卖出股票的人是不是不懂股票？或者这个股票的市盈率这么低了，股价还在下跌，中国的股市真是无可救药……

总之，市场中充斥着各种各样的抱怨，但却鲜有责怪自己的，很少有人会说"哎呀，这一次是我进得太早了，下一次一定不再犯这样的错误了"，或者"哎呀，昨天我止损就好了，都怪我，当时太大意了"，也或者是"哎呀，这一次的损失太大，这是因为我一时贪婪仓位太重了"……

我多么希望在投机市场中能够不断听到这种声音，而不是"这个股票简直就是个死股、垃圾股！"或"如果这个股票的庄家让我碰到，我非宰了他不可"等埋怨。

记住，埋怨只能让你失去理性，虚耗自己的精力，让你的心情变坏。大多数人都喜欢苛求别人、放纵自己，然而，即便是上帝也无法帮助一个对市场一窍不通却又喜欢推卸责任的人成功。如果你想在投机市场成功，那就从现在开始，放弃喜欢埋怨的坏习惯，从改变自我开始，把市场当成一个既挑剔又刻薄的客户，然后自我改变，直到完全符合它的要求为止。

第19堂课

Lecture 19

毁灭人类的正是人类自己，他们为什么致力于毁灭自己？

　　大多数人的行为都可能会与正在发生着的事物发生抵触，而这正是我们要讲述的第一种毁灭——相互抵消、相互矛盾的毁灭。

　　以土地政策为例，中国对房价的所有调控中，一则打击投资，二则抑制消费，三则增加税费，却没有任何时候用任何措施来抑制土地的高价，反而出台的都是"价高者得"的政策。而"价高者得"这一土地政策必定会导致先前的抑制政策失去功效，因为这样自相矛盾的政策，不但无助于抑制房价的上涨，还有可能会继续推高房价。因为土地的价格上涨必然会增加建房的成本，然而房地产商又不可能以低于建房成本的价格卖房子。所以正确方法是应该先有一套健全的土地出让制度，之后才能考虑如何抑制消费和打击房地产投机行为。只有第一步健全了，第二步才有可能水到渠成，施之有效。

　　想一想你所做的事情中，有多少是因为你的第二个计划与第一个计划相互矛盾、相互抵触，而最终失败的？

　　然而人们的天性则是破坏！但更具毁灭性的就是——急功近利，因为急功近利可以导致一个人失去本心。

　　如果说我们上面所讲述的有关房地产政策的不完善，是因为多个部门不协调，那么为什么一家好端端的公司并没有太多的部门，却喜欢自损诚信，以次充好呢？他们的产品原本销量平平，好不容易开始蒸蒸日上，但公司的领导却利欲熏心，无缘无故降低产品的质量，变相提高产品的价格，导致刚刚盘活的企业再次陷入低谷。他们做的事情总是相互抵销，一个好政策略刚刚开始生效，而另一个完全与之矛盾的政策就出来了，最终得不到任何效果，抵消了原有的功效。

我所见过的很多商人之所以发展不起来，并不是他们的机会不好或没有机会，而是他们的企图不良，导致行为太具破坏性。

比如，在帮一个朋友管理服装生意的时候，我就发现他本身具有很多这样的问题，似乎就是个矛盾的主体。主要的问题有两个，一个是本身优势不明显，而另一个是明显的优势往往会被那些自以为是的"策略"所摧毁。

比如，我们刚刚将全国的代理商招满，人心还没有稳定下来，他就开始提高产品的价格，收窄优惠条件，最终导致市场定价过高，代理商也因周转不灵无利可图，而不得不转移战线，致使产品滞销。

再比如，在产品销路不畅的时候，他对客户的态度非常好，可是当产品刚刚打开销路的时候，他又开始制定各种限制措施，以便将风险转移给客户。换言之，他的想法不是用在如何让消费者满意和如何提高自己的产品质量和创新上，然后与代理商同心协力将产品打入市场。他的所有想法总是用在如何将产品推给代理商，怎样让客户心甘情愿地上当，然后不管他们的死活，所以他采取了隔季节订货的方式，即在冬天的时候将夏天的产品设计出来，在夏天的时候将冬天的产品设计出来。如果代理商要销售他的产品，就必须在夏天下冬天的定金，在冬天下夏天的定金，这样他就可以用别人的钱去生产。所以他的公司就像一家中间商在这里倒来倒去。当然我并不排斥正确运用别人的钱，但我的这位朋友却不是这样，他的目的只是为了开一家公司套取客户的资金而已，换言之，他只不过是开了一家公司，打着服装公司的幌子，骗取别人的资金来为自己所用，他的所有心思并不是用在如何设计最好的衣服上，所以他也从来没想过如何将产品的质量提上去，然而他却时时刻刻想着如何大做广告，将产品的附加价值提升上去，用这些广告蒙蔽那些不了解内情的人，让那些人相信他是多么有实力，然后乖乖地把钱交出来。

他们就这样建一家服装公司，然后用广告来骗人，打广告的目的就是给那些急于找到一个好厂家的代理商看的。他们只是一帮被市场惯坏了的骗子，什么诚信和质量全放到一边，他们所要的就是钱！钱！钱！巨大的市场需求导致了卑劣的方法依然能够奏效，他们根本就无需考虑诚信和质量，低劣的产品照样可以卖到很高的价钱。他们还大言不惭把这叫做商人的策略。很明显，他们把奸诈当成了策略，把策略当成了奸诈。

然而，我给他们起的名字叫做：商业强盗！他们的行为就像是电视上那些"卖春药"的人，没有信用，没有质量，没有良心，有的只是巧舌如簧和一颗被金钱熏黑了的心。看看他们的客户，赚钱的不多，亏钱的不少，其实在我眼里，要让那些客户正常盈利、正常经营非常简单，并且他的公司也会越发展越好。但是在那个环境中，居然没有一个人同意提高产品的质量和给客户一些更加优惠宽松的条件，让那些客户多有点回旋的余地。他们想的是，别人比我们的条件还苛刻，但是他们的代理商还不是一样在做？所以，我深深感触到，他们做生意的毒辣，他们似乎铆足了劲在和别人攀比，如果别人能够在代理商身上剥削到钱，他们就要剥削得更多，似乎只有这样才是体现他们能力的途径。

这让我对他们的管理方法和经营思维深恶痛绝，他们不是生意人，他们只是一些骗子，只不过将骗钱的伎俩用经营作掩护而已。然而，这样的事情在现实中比比皆是——他们抓住了中国经济大发展的契机，却在破坏由这种契机发展起来的市场秩序。最终他们的客户也必定会因为无利可图和不断上当受骗而不得不转移战线，让他们无法持续经营。换言之，那些骗人的把戏，在经济旺盛的时期，会得一时之利，并且毫不费力，会让他们感觉赚钱很容易，可是当市场形势一变，他们也一定回天乏力。因为他们在好机会来临之时，不是正确地利用机会，而是在试图破坏机会。最终，一个可以维持10年的机会，在他们的破坏下，只能维持5年。然而，他们从来就不会意识到是自己毁灭了机会，他们会不断埋怨市场中没有机会。

这不由让我们联想到很多并非正确的商业理念，而其中最具欺骗性的理念就是：我只要结果，我不管过程。我不得不深思起来，如果我们不看过程，只看结果，那么那些非常具有破坏性的方法也会有了容身之地。一家公司如果只要绩效，而不看社会责任和后果，所有的员工都"唯利是图"，那么这家公司也必然会陷入破坏性的发展沼泽当中，最终必然会自己毁灭自己。

在几年前，我所居住的这个小城市，就因此而损失惨重，一部分政府人士为了争取业绩，几乎将这里的水产养殖业毁于一旦。当时他们的口号就是：什么都可以不要，就要争取业绩，不管你干什么，只要能够赚到钱，你就是能人。

所以为了争取业绩，他们不断地招商引资，也不管这些外资是干什么的，最终他们接受了韩国一家污染严重的企业在当地开设化工厂，然而当时并没有很好的污水处理设备，所以那些污水直接排入海中。

几年后，那支流以下的海水被严重污染，那一带的海产品养殖业也因为海水的污染而一蹶不振。他们的业绩不但没有上升，反而大幅下降。虽然他们通过种种粉饰，企图推脱罪名，但这一切都无济于事，因为人们都不是傻子。

第三种具有破坏性的行为是情绪的宣泄。

在投机市场中，很多投机者都因情绪上的宣泄而自我毁灭。他们会为了追求刺激和暴利而交易，但由于赚钱的欲望太强烈，往往会接受一些胜面不大的交易，或承担没有必要的风险。然而，市场绝对不会手软，也不理会你耍脾气，情绪性的交易仅有的一种后果就是——亏损。

所以，在投机市场中交易，如果仅仅是为了向别人证明你行或必须获利而来时，你的脑子里就会充满赢的渴望，而在这个时候的人通常都会变得非常顽固，并对所有的忠告无动于衷，别人越是劝解你，你的抵触心理就越重，你就越想反着来，而这正是一个投机者即将毁灭的开始。因为如果你的如意算盘打错了，你就会倾向于情绪上的宣泄，所以，在投机市场中太好胜的人，最终都会自己把自己送上绝路。因为，当你手风很顺且不断有所斩获的时候，你就会变得得意忘形起来，可能你觉得你没有，而实际上你有，只不过你自己意识不到而已；相反，当你手风不顺，不断出现损失时，你就会垂头丧气。市场中很多投机者都会因为自己一味追求盈利，而在失利的时候影响情绪，并因无法控制自己的情绪出现赌博倾向，而不理会交易的规则。

我通常会将这种行为称为"病态赌博"，是一种自我毁灭的前兆。他们就像是一个与妻子吵了架的男人，猛灌了几杯酒之后，开上自己的车子在公路上狂奔，似乎只有这样发泄一下，才能够缓解心中的苦闷。

初期的我也有这样的行为，我的性格属于较为严格的类型，在小学的时候，我经常会因为自己写的字不好而将本子撕掉，我也经常因此受到老师的批评，因为我比较痛恨自己做得不够好，虽然当时我的成绩并不优秀。

至今也是一样，如果我的电脑总是出现问题，我就会把这台电脑换掉，我不喜欢像有的人那样可以凑合，我也不喜欢像有些人那样，可以围在一部不断出问题的旧电脑前不断思考为什么，或不断猜测哪里出问题了。我的要求就是无论做什么都必须畅通无阻，我不喜欢将很多时间花在一些与工作无关的事情上。

　　然而，这种性格也导致了我不能够忍受阻力，无论做什么事情，只要进度不如意，我就会倍感烦躁，甚至大有推翻一切重头再来的想法。在我叙述一些事物的要点时，为了引起别人的足够重视，我不得不大呼小叫，唯恐力度不够，他们不重视。总之，我是个具有破坏性的不屈不挠的家伙。

　　这种性格在交易的初期，对我来说似乎是一种劣势，因为看好了一个股票，我认为它能够上涨，但它下跌了，我就会比较气愤，我会想：这个股票怎么了？我甚至会大拍显示器，以发泄心中的不满。接下来，我会赌气，你不上涨，我就不卖。然而到最后，还是它赢了，而我则输得一塌糊涂。我只能气愤地一拍键盘骂道：爱涨不涨。接着，我就会将那个股票卖掉了。即，我的性格与交易的规则和要求总是背道而驰，我自身就是破坏规则的元凶。

　　在那同时，我还有一个毛病就是爱发泄，在股票下跌的时候，我会因为气愤而加码买进，似乎只有这样，我才会有一种胜利感，我会和市场对着干，它越下跌，我就越买进。

　　所以，喜欢和市场赌气和胡乱交易发泄不满，是我当时的两个很突出的问题。然而，因为这种情绪化的行为，让我起初的交易生涯波折重重，那时候我才发现，自己疯狂起来有多么可怕，我甚至发现自己当时大有与股市同归于尽的"气概"。

　　看到这里，我想你应该知道，投机者如此这般的情绪化，往往都是失败者的特征。失败者的特征有三种：一是无知而贪婪，二是有智而疏忽，三是宣泄而赌气。换句话说，因为赌气和喜欢发泄的毛病，导致我无法按照计执行，如果我的股票涨得太慢，我就根本不会去分析它是不是应该持有、以后有没有上涨的潜力等问题，只要它没在我的预期之内上涨，我会赌气卖掉它，我才不管它以后涨不涨呢，这让我很长一段时间失去耐心，致使我的亏损进一步增加。

　　看到了上面的各种例子，我想，你应该知道，我们人类的一大天性其实就是毁灭，如果我们总是将目光集中到金钱、业绩、面子等非事物本身的事情上，我们就会为了达成这一目标而变成一个十足的破坏性人物；相反，如果我们能够将所有的目光都集中到事物的本身，并致力于事物的根本，那么我们就会变得理性起来，熄灭了破坏性。比如，如果政府之间相互配合默契，就不会出现上有政策下有对策的事情发生；如果商人能够将提高公司的综合实力放在首位，诚信经营，勇于创新，而不是利欲熏心，每天想着如何将代理商的钱圈进自己的口袋，那他经营的事业一定会更好更长久；如果一个投机者能够将风险放在首位，而不是本末倒置地将获取暴利与放在首位，并在自己未能如愿的时候与市场赌气，那他也不会胡乱交易，乃至于失去耐心。

所以，投机者必须知道，人的很多行为都近乎于自我毁灭，特别是那些"企图"不良的行为，我们必须时刻提防，正确地了解你自己，并不断审视自己的行为，看一看你是在计划成功还是计划失败。

第20堂课

Lecture 20

人是健忘的，市场也是，不要无端地怀疑市场再也没有如此好的机会了。

只有对整个投机界的状况全面了解了，才能够知道自己的能力大小。只有对投机的历史进行了充分的研究，才能够知道目前的机会是刚刚开始，还是正在结束。

无端怀疑是投机者的大忌，"我是不是卖得太早了"和"我是不是卖得太晚了"是投机市场公认的代价最大的怀疑，我们通常在行情不断上涨的时候因怀疑自己卖出得太早而再次追进，或在行情不断下跌的时候因怀疑自己卖出得太晚而拒绝卖出亏损严重的仓位。

然而，比这种怀疑更具杀伤力的就是市场中的谣言，这些谣言会让投机者完全怀疑自己的判断力，失去明辨是非的能力，步步陷入谣言之中，不能自拔。

聪明的投机者知道，在投机市场中，技术分析派的市场趋势理论和价值分析派的业绩增长理论是最能说明问题的两种方式。如果一个股票的股价走势正处于上涨趋势的初期，并且其股票的收益情况也处于增长阶段，那么我们就应该相信，它可能会持续上涨；但是，如果这家公司的股票收益增长率开始放缓甚至下滑，如果股价也开始步入下跌趋势，那这就是一个非常危险的信号，投机者就应该在此时减仓或选择出局。如果业绩在增长，但趋势在下降，那么我们宁愿相信趋势，因为趋势是股价走势的外在形态，也是最直观的供求计量标识，如果供求关系连续失衡，确实就会因此而改变，这就是危险的信号，因为市场中的过分需求会导致股价虚高，致使股票的价格脱离真正的价值中枢，并进入下跌趋势，这正是市场需求消退的征兆。

历史以曲线的形态向前延续，但任意截取一小段，看起来都像直线，所以一个常人如果将短期的曲线看成直线也是正常的，可是到了明显的拐点，直线已经拐弯了，还说是个直线，或因为某种原因会将拐弯扳直了，这就有点笨了。

换言之，在牛市初期，人们往往会忽视市场的总体趋势，在众多消极的传言影响下，投机者会对显而易见的市场企稳迹象视而不见，无端怀疑目前的市场走势用不了多久就会夭折。可是，等行情趋势明显抬头时，他们又会怀疑股价涨得太高了，后悔自己没有在原先的相对低位买入，并开始怀疑自己买入的时机太晚，所以此时的投机者信心都不会太坚定，只要股价稍有波动，就会失去信心，并因恐惧而卖出股票。

所以，我们在投机市场，总是能够听到各种疑问，而其中最大的疑问就是投机者总是在不断怀疑今后再也没有先前那样的好机会了，因为先前那波行情的涨幅太大了，很多股票都被高估，如果再想有这样大的涨幅，最起码也要五到十年。可是历史告诉我们，市场是如此健忘，接下来的那波行情的走势却远比先前的那波行情涨得更高。然而，每当行情上涨很高的时候，大量的投机者又会因为怀疑"我们卖出得太早了为由"再一次蜂拥而至。此时，他们开始坚信：本轮行情就是本世纪最具财富效应的行情，如果错过了这一波行情，再想在投机市场中发财致富就会非常困难了。然而时隔不久，行情就再一次出现了深幅下跌，让那些"坚定"的投机者损失惨重。

市场是多么健忘，上一次行情爆发时，他们也是这样说的。

我记得2008年，我卖掉了手中的股票之后，有一个朋友问我，目前可不可以买股票。我告诉他：目前买入不是时候，因为风险加大了。

他说：中国银行（601988）这个股票不错，他想买一些。

我说：如果你想买中国银行（601988），最好等它跌到两三元钱的时候再买。

结果他一脸诧异地问我：以后还会有价格这样低的股票吗？市场中很多专家都说，以后不会有这么低价的股票了，两三元钱的股票时代将会成为历史。

我说：那你看着办吧。

结果他在5.50元左右买进了。后果可想而知，他经受了很长时间的大幅度的浮亏，好在中国银行（601988）当时的股价不算太高，否则我估计他肯定难逃一劫。

由此，我们再一次论证了同样的错误大家总是轮着犯的道理，犹如李小龙的功夫片，在你喜欢完了之后，你会发现你的孩子也与会你一样，开始如痴如醉地迷恋功夫片。

因为我清楚地记得2001左右，我初入市场的那段时间，也有人在不断地说，目前行情机会难得，有很多专家都在呼吁，中国股市会搭乘经济发展的风帆，直奔一万点，如果你没有搭乘这趟航班，你就会错过中国历史上最大的一轮牛市。

当时，很多人都信以为真，我当然也未幸免，像个傻瓜一样，被这种呼声掌控着，虽然行情在不停地下跌，但因为我坚信市场的这种普遍的传言是真的，那些话都是专家们说的，他们不会骗我们的。所以无论行情如何下跌，我都会坚信那些专家说的一定对，直到我的资金损失大半，我才明白过来，我被那些市场专家骗了，我并没有抓住有史以来最大的一次牛市，相反，我们抓住了有史以来最大的一次熊市，被这头大熊着实啃了一下。

到后来，我开始不断翻阅中外股票市场的历史，最终发现，每一次行情大涨时，市场中都会发出类似这样的声音，有时候是新兴产业和明星产业舆论，有时候是市场政策和经济导向舆论，即，市场会利用人们爱幻想的弱点，让行业和经济概念的泡沫越吹越大，然而，大多数投机者却因为不明真相而深陷其中。

比如，对1999年—2001年美国的网络泡沫，就曾有非常多的投资专家肯定地说：现在应该是抛售那些保守型股票大量、买入网络股票的时候，网络是未来的发展趋势，我们正在进入一个由信息革命推动的"新经济"时代，这次信息革命会彻底改变全世界人类的商业模式和生活习惯，我们将登上一个前所未有的黄金时代，凡是与网络搭边的股票全都会大涨。

结果2000年4月网络股全面崩溃，华尔街一片狼藉。

再比如，2007年之后，我国投机市场中不断流传"死了都不卖"的持股谣言，就让很多投机者误入虎穴。因为很多专家曾放言，中国经济持续发展的基本面没有改变，很多公司的基本面也没有改变，中国正面临30年改革开放的全盛时期，是一个收获成果的阶段。

可是，行情却毫不理会市场传言，固执地步入熊市了。不久，世界金融危机爆发，直到大盘跌破3000点，才有一些专家开始"修正"自己的经济预期。但此时，很多投机者早已损失大半，那首"死了都不卖"的歌也没人传唱了。

接下来，2008年的奥运概念，让很多投机者都在幻想着奥运概念会促使行情上涨。然而，现实又无情地给了那些唱盛奥运题材的人一记响亮的耳光，奥运会照常召开，但股价依然下跌。

随着中国拉动内需的经济出台，随着家电下乡、汽车下乡等政策的出台，家电业和汽车业应该说会有些起色，但现实中我们却看到，很多家电股和汽车股的涨幅与其他股票的涨幅没有什么区别，甚至远不及其他股票。当然，我并不否定家电下乡的确促进了家电业的兴旺发展，催进了家电行业的业绩增长，可是我们看一下白酒行业的很多股票的涨幅，就会知道依靠概念投资的投机者与不依靠概念投资的投机者的成绩并无二致。

这充分说明了，在投机市场不能依赖幻想过活，只有实实在在地把握业绩和价值增长情况，才能够让你有幸买到好股票。所有的概念都只不过是一些市场幻影，或昙花一现而已，过于沉迷于此，将会让人失去思考能力。

这不由地让我产生了些许担心，我们目前盛况正兴的环保概念和世博概念又不知会演绎到一个什么样子，如果股市真的在这段时期上涨了，我想新的"世纪行情"谣言又会漫天飞舞，新的"最后赚钱良机"又会吸引大量无知的散户加入其中。可能行情真的会在世博期间大幅上涨，也可能依然稳如泰山。

但如果你是一名聪明的投机者，你一定会知道，无论市场是否谣言肆起，如果它跌破了趋势，并且股票价格明显高估，市盈率和市净率都明显太高，公司的业绩增长率也出现了滞涨，或股价的走势与业绩的走势不符，甚至出现业绩增长但股价下跌的情况，这其中的任何一个信号出现，你都应该随时准备开溜。正像那些有着真知灼见的投机者所言：没有永远上涨的股市，也没有永远下跌的股市。

所以，不要无端怀疑市场以后还会不会有如此好的行情机会了，也不要无端猜测市场可能就此一蹶不振了，你必须以市场的现实变化为依据，不能够凭空猜测或幻想。谣言在每一次行情都会产生，并且越演越烈，如果你没有自己的主见，喜欢根据所见所闻来决定自己的交易计划，到头来，十有八九你会发现自己已经深陷其中，无法自拔了。

记住，听信市场谣言而忽视市场规律，你将付出惨重的代价。市场周而复始，牛市和熊市不断交替出现，这就是市场的变化规律。可能市场中偶尔会出现一波为期较长的长期牛市，也有可能会出现一波为期较长的长期熊市，但只要能够采用正确的方法进行交易，你就不会失去机会，但如果因贪婪而对市场的变化失去警惕性，并最终臣服于谣言，无端怀疑规律的变化，你可能会追悔莫及。

下篇

—Part 2—

认知市场中的各种谬误

重塑正确的市场分析理念

第21堂课

Lecture 21

投机者迫切交易的欲望，就像是酒鬼无法抵挡美酒佳肴的诱惑一样。

如果说喝酒有酒瘾，吸烟有烟瘾，那么投机者是不是也会有股瘾呢？

答案是：有！

与喝酒吸烟一样，过量了就会有害，很难想象一个长期纵欲过度的人会长寿。所以投机者在投机市场过度交易，就像过度纵欲一样，有害无益。

有些投机者很容易将短线交易和过度交易相混淆，他们误认为短线交易必须今日买进今日卖出，或今日买进明日卖出，所以他们脑子里总有一个错误的概念就是：短线交易必须见利就走，不要管市场如何、趋势如何。

然而，投机者必须知道，在投机市场中赚钱靠的是思想，而不是血汗。换言之，你要具有自己可行的持续稳定获利的交易方法和适合自己性格和气质的交易思想，交易获利就像是生物的繁殖，各有不同的道理，但最终都能如愿以偿。

我们不排斥一个掌握了正确方法的人迷恋投机、热衷投机，并将投机视为自己一生的工作，但如果你还没有掌握正确的方法，却对投机交易心急手痒冲动不已，这就有问题了，通常有这种冲动的投机者，会为了追求利益和扳回本钱甚至为了抚平自己的焦躁之情而交易，特别是一些短线交易者，一旦有了亏损，急于扳回本钱的冲动往往会异常强烈，难以自控。

在投机市场呆久了，什么样的人你都可以见到。在2007年初，我在河南南阳曾见过一个入市不久的投机者，看一看我们的对话，你就会知道他交易中的问题了。

那时候，他投入了2万元，在不到一周的时间就赚了2800元钱，于是他便卖掉了所有的股票，取出2500元的利润，买了一台空调。他这样做的理由是：赚到了的钱必须赶快拿出来，否则过几天就没有了。

正常来说，他的这一说法没有问题。然而，聪明的投机者知道，当你卖掉股票以后，需要重新审视一下大盘的走势，并暂停一段时间再开始交易，以确定当下的市场形势，等待下一个买入机会，否则，很容易将刚刚赚到的钱在另一个股票上亏掉。

但这个人却不是这样，而是在卖出股票的第二天，又买入了另一个股票，换句话说，他并没有认真确认当下的市场形势，而是自以为是地又买入了一个"样子不错"的股票，他以为自己还能够再买入"即将"上涨的股票。

然而，有经验的投机者知道，没有人能够卖在最高点，也没有人能够买在最低点，即便是你能够买在最低点，卖在最高点，买入的时机也不是说有就有的，在卖掉了手中的仓位时，你必须等一等，以便让另一个机会有时间形成，即，你需要等行情回调一下之后再开始买进。但我们提到的这个人却不是，他以为自己可以接二连三地赚钱，然而，当他第二次买入的时候，市场已经达到了高点区域，他所买入的那个股票已经开始滞涨了，所以他根本就没赚到钱，两三天之后，他来问我怎么办，他买的那个股票会不会上涨。

我给他的回答是："我也不知道你的这个股票会不会上涨，可是目前行情整体涨势已经太高了，很多股票都被市场高估，应该是防范风险的时候，你还是设好止损，一旦行情不利就出局吧，如果行情继续向上那就继续拿着。"

他点头答应着。

过了几天，市场竟然再次上涨了，那人又赚了2000多元，于是他又将股票卖掉了，取出了2000元的盈利。接着，又将所有的钱买了另一个股票。他那段时间的运气似乎很好，几乎每一次都能盈利，他在三个月的时间里大约赚了8000多元，可想而知，他有多高兴。于是有一天他打电话约我，一起出去吃点东西。

在吃东西时，他笑道："这一段时间我做得不错，我觉得在股市中赚钱也就那么回事吧，并不像你说的那么难，比我想象当中容易多了，所以我打算再投入5万元，这样赚钱更快一些，如果我先前不听你的留那么多钱，现在赚好几万了。"

我说："如果你真的想多投资金，我建议你这波行情先忍一忍，等行情出现大幅回调之后，再考虑增加资金。我让你先少投点钱，是为了防止你一次性投入太多，一旦亏损，控制不住自己。"

他说："那要等到什么时候，经过这一段时间的交易，我知道了，炒股就要眼疾手快。看准了机会就要大胆买进，赚了钱就要快速出局。"

我说："你这是赶上了行情好，或者说你这是运气好，赶上了好机会。投机获利并不是你想象中那样……"可是我明显感觉到，我说这些话对他已经不起作用了。于是我只好说："如果你的确想要好好交易的话，还是多看一些书，这样对你也会有所提高，增加一些防范风险的能力，投机市场变化莫测，多掌握一些应对风险的技巧对你绝对是有益的。"

他说："这我知道，过几天我就去买几本书看看。"

晚上回去以后，我就在想，他那么急迫地想要交易，可能已经对交易"上瘾"了，并且已经到了顽固的地步，这时候谁劝他也没有用了，你越劝他，他就会越固执。

接下来的一段时间，他几乎在不断地交易，听另一个朋友说，他又投了5万元。

5月30日之后的一个多月，我们又碰面了，我问他这段时间怎么样。

他答道："这段时间不太好，盈利没有以前那么多了，关键是行情老不动。"

我知道他说的话有些保留，便道："暂时退出来吧，看一看市场下一步怎么走，然后再决定是不是继续跟进。"

他说："现在如果退出来，那我亏的那些钱岂不是白亏了？"

我说："如果你现在不退出来，一旦市场变坏，你会亏得更惨。"

他说："市场已经跌了这么多了，不可能还会继续下跌吧？"

我说："我也不知道，但如果行情创不出新高我就要全部出局了。"

他说："可是很多专家和经济学家都在说，中国经济发展的基本面没有改变，如果我们一旦卖掉，行情上涨了怎么办？那我们岂不是连翻本的机会都没有了？"

我说："可是如果将这些本金输掉了，你以后就会连根拔起永不超生啦。你为什么那么热衷于交易呢？过几天再交易不行吗？"

他说："我也曾经想过暂时退出，可是不知为什么，我退出之后，看到账户中的钱就浑身不舒服，一天不交易，我就觉得难受，所以我见不得自己的账户里有钱，只要我的账户里有钱，我就想交易，哪怕只有1000元钱，我也要赶紧把它买成股票。都怪我那一段时间交易得太多了，如果那段时间我及时停止的话，就不会亏损了。"

我说："如果你不戒掉这个毛病，那你以后的投机生涯就不会顺利。因为你上瘾了、中邪了。"

很多投机者都会因为一开始的短线交易染上"股瘾"，

直到大亏之后才能停止，看一看交易所中的那些短线交易者，哪个不是如此？一看行情上涨了，就有种迫不及待的冲动，他们见不得自己的账户中有多余的钱，只要账户中还有钱，他们就会坐立不安，非要把那些钱投进去心里才踏实。就像一个酒鬼，只要柜子里有酒，就绝对放不住。

所以，对于那些热衷于交易的投机者来说，与其说他们是被吸引或贪婪，不如说他们已经上瘾了，就像那些打麻将的赌徒一样，因追求赌博的利益而上瘾，即使倾家荡产也在所不惜。

记住，我之所以喜欢投机这两个字眼，因为它能够让我找到真正的自己，能够让我更好地理解交易。我对投机的理解就是，把钱投到机会上，然后收获利润，而不是像个购物狂一样，只要账户中有钱就一定要花掉。所以我认为"把钱投到机会上"就是投机交易的所有含义。换言之，我必须找到一个饱含机会的行业，我要与那些运气好的人搭乘同一条船，而股票市场正是一个这样的行业，所以喜欢在里面潜伏着伺机而动，而不是像染了毒瘾一样热衷于活跃的交易。

第22堂课

Lecture 22

不要爱上一个"做过节育手术"的股票，也不要把一个年过半百的夫人当成妙龄少女。

普通的石头无论如何打磨也无法成为钻石，所以投机者必须学会如何在投机市场中找到那些真正的"钻石"。

你真的认为公司的业绩与股票的价值是无关的吗？你认为那些真正的投机者会去买一个业绩连年亏损的基本面非常差的公司股票吗？

我想，你一定会认真思考，并会非常肯定地回答：这不可能。

现实中，我们可以清楚地看到，那些业绩增长率很高的股票，即使在熊市中它的股价也很高，那些业绩较差增长率较低的股票，一旦到了熊市其股价通常会非常低。很多耳熟能详的成功者，通常都会盯住那些绩优股，而不是垃圾股。因为购买那些每股收益为负数的绩差股，你的收益就会失去保障，变得不确定。

在入市的初期，我一直搞不明白，什么样的股票能够大涨，怎么样才能够选中这样的股票，然而让我深感意外的是，除了那些领先大盘上涨的绩优股之外，再就是那些能够与大盘同时启动的蓝筹股。看一看它们的业绩情况，你就会知道，他们的每股收益都比较高，收益增长率和净资产增长率等也相对较高。

于是，逐渐的我开始不断研究这些领涨大盘的绩优股。的确如此，不要管它是干什么的，只要它提前领涨大盘，并且其所处板块的其他股票也开始逐步走强，并超越其他板块的股票，那么这个股票就有可能是领涨股，或者说是这一板块的领头羊。

不分青红皂白的投机者，通常会拿着一个业绩为负数但却大幅上涨的白酒股，去跟一个业绩平平但却并没有大幅上涨的运输类股票作比较，这并没有意义。

因为，选择股票时不但要看业绩，还要看它所处的行业。换言之，要买一个股票，不但要有业绩远景，还要有行业远景。如果它的行业远景较好，那么其暂时的业绩好坏也就不那么重要了。但这并不是说有了行业远景，就不需要关注业绩了。如果你深入研究过公司的业绩，你就会知道，在同一板块中股价最高、上涨幅度最大的股票，通常都是那些业绩最好的股票；而股价最低、涨幅最小的股票，则大多数是那些业绩最差的股票。它绝不会反过来！市场中绝对没有哪个板块中股价最高、涨幅最大的股票业绩最差，而股价最低、涨幅最小的股票业绩最好。我从来也不会相信，一个头脑清醒的人会为了一堆破铜烂铁而付出黄金的价格。

一个做了绝育手术的老妇人是不可能为你生出漂亮宝贝的。股票也是一样，一家公司的业绩在不断地衰退，并出现连年地亏损，是不可能给你带来好收益的，你不是那些市场大赌家，可以买入频临倒闭的克莱斯勒的股票，然后长期持有，最后赚了大钱。那是些有钱人在用一小部分钱玩，即使输了也玩得起。我们不行，我们还只是穷光蛋，我们这样做的话，就是在拿我们自己的前途赌博，这可不行！

我知道有很多投机者会被市场中的特例所迷惑，他们会说，你看，你说某个公司的业绩好，可是它的股价怎么下跌了？

我的朋友，你千万别搞错了，业绩的好坏决定着未来股票的价值，而不决定每日的股价波动。换句话说，公司的价值与业绩并不能够直接影响股价的涨跌，企图通过研究公司的业绩来找到下一周或明天就能够上涨的股票，是徒劳无功的。即：公司的业绩和价值不具备预测的功能，它只能够告诉你目前公司的经营情况和盈利情况，如果公司的业绩和资产在不断增长，那么公司的价值就会不断提高，而公司股票的价值也会随之增长，但这并不代表公司的业绩增长了，公司的股价就应该上涨，它可能会过一段时间再上涨，也可能在上一波涨势中透支了，还可能会随着业绩的增长而持续上涨，但如果它的价值在不断增长，而股票的价格却远低于股票应有的价值，那么迟早这种低估会得到修正，迫使股价恢复到其应有的价值，甚至是高于原先的价值。

在这里，我想用一个简单的例子来阐述这个道理。

比如你经营了一家超市，这家超市你投资了100万元，你每年都有100万元的收益，这时候有人要用100万元买你的超市，你会卖吗？

你肯定不会卖，除非他给你300万元你才可能会考虑卖掉。

如果你每年有300万元的盈利，我想他要出到600万元、700万元你才有可能考虑卖掉。

相反，如果你现在经营的那家超市每年都亏30万元，我想有人出80万元，你也会考虑卖掉。如果亏得太严重了，有人出50万元你也会考虑卖掉。

股票市场就是这个道理，业绩好的公司会让更多的市场人士产生向好的预期，当市场人士产生预期的时候，就愿意出高价买你的股票，并会为此采取行动，只要他们将预期转化为行动，股价就会上涨。所以公司的业绩越好，其未来的股票价值就越高，公司的业绩越差，其未来的价值就越低，即便是你能够通过人为的炒作而让股价大涨，但也不会有多少人去接盘，因为市场人士不认可。这就是很多股票被人为炒高之后最终崩溃的原因。

可能你认为你买入了一个低价绩差股赚了一笔，但这并不代表你的方法就是可行的。因为当牛市来了的时候，所有的股票都会上涨，因为市场需求出现了，所以好股票坏股票都会有人买。但是如果你想赚得更多些，你就必须关注那些低价绩优股，因为低价绩优股在牛市中往往会锦上添花。正如农夫们所言："低洼的土地在风调雨顺的年头里也会丰收，但买土地的时候还是不能买低洼地。"选股岂不一样，牛市来了的时候，绩差股也会上涨，但选股的时候还是要选择那些低价绩优股。

所以如果你认为，公安局抓到一个小偷，就认为世界上再也没有小偷了，这岂不是非常可笑？这与你看到几个绩差股上涨了，就认为股票的价值和业绩没有用，有什么区别？

当然，无论你如何注重价值，依然会有"庄家欠收"的时候，这没有什么可奇怪的。当然，有个别人会说："你看，即使你按照价值低估法则买进的股票依然下跌了。"然而，他们却不知道，虽然那些价值低估的绩优股也会下跌，但根据公司的价值和业绩选股，你会在无形中规避很多不必要接受的风险。

现实市场中，大多数人不是在研究如何交易、如何对比出最好的交易方法并做好交易。他们是在试图采用一种方法消灭所有的错误，他们想要找到一种绝对没有错误的方法。然而实际上他们在做一件完全行不通的事情，因为任何事情都有例外，不可能杜绝所有的意外。关键是这样做要比那样做更好，而不是与自然界的例外作对或企图消除所有的例外。

请记住，世界上没有完美的方法，任何方法都有例外，关键是你要善于对比，并找到那个更有效的方法。企图找到完美且没有任何例外的方法，最终只能劳而无获。

第23堂课

Lecture 23

止损只能延年益寿，但不能包治百病。

女人爱化妆，男人爱壮阳，这一切并不能真的让人们变年轻，只不过看起来年轻而已。这与止损的道理是一样的，止损并不能让你的交易有所斩获，但它可以延长交易的寿命。

投机者最大的错误是在应该止损的时候却总是怀疑："我卖出是不是有点早？我卖出之后行情上涨了怎么办？"当然，你可能卖得有些早，但大多数情况之下，如果不能够在市场趋势变坏的第一时间止损，你通常都会陷入无限亏损之中。

也许你会想，我买入的这个股票的基本面非常不错，公司的质地和业绩增长情况都非常优良，所以即使它下跌了，只要长期持有，就一定能够反败为胜。可能你这样想心理会好受一点，可是等到你彻底绝望的时候，你的钱没了。所以，不要在亏损的时候放之任之，不要在赢钱的时候激情澎湃，这些都是失败者的特征。

在本书的前半部分，我们已经知道了，我们的很多经验都是根据自己的经历积累而来的，并且这其中的很大一部分经验都只不过是根据目前的事物决定的。如果我们止损了，行情下跌了，我们就会说，止损是正确的；反之，如果我们在亏损的时候没止损而是靠着坚定的毅力最终扭转危境，转亏为盈，我们就会说有时候无需止损，坚定的毅力才是最重要的。然而，如果我们按照规则止损了，但股价却上涨了，我们就会怀疑先前的止损行为是否正确，我们会说，止损也未必有效，有时候我们止损了，但依然亏损累累。

所以没有根据的胡乱止损，就会导致我们在行情出现问题的时候，像一家航空公司的飞行员一样摇摆不定，分不清是应该相信飞机防撞墙的指令，还是听从空管人员的指令。

我一直在说，认真研究止损技巧，就像战斗飞机驾驶员在不断练习跳伞技术一样，在关键的时候，止损就是投机者的逃生之术。

然而，现实中很多投机者都误认为，只要学会止损，就能够抓住盈利的绳索，实际上却完全不是这么回事，因为止损只是整个交易中的一个部分，它的任务是在行情不利的时候保护你的资金不遭受太大的损失，只有保住本金，你才能继续交易。

所以，想要盈利，仅靠会止损是不够的，换句话说，止损只能够让你活得更久，如果对其他的方面一窍不通，这依然是一条通向死亡的道路，只是相对慢一点而已。

乱止损在投机市场中也是非常普遍的，很多投机者连自己的交易信号是什么都不知道，就匆匆忙忙买进，然后再胡乱设定一个7%或10%的标准作为止损的依据，然后等股价达到这个标准就止损出局了，这是一种完全错误的止损方法，是一种不可取的方法。因为止损必须与你的买入信号结合起来，换句话说，你的交易信号必须既能够为你指出明确的买入时机，还要能据此设定出明确的止损标准。如果你不知道自己的交易信号，你就不会知道自己的止损标准（有关正确止损的方法，我的很多书中都有明确的说明，你受篇幅的限制，在这本书中我就不再重复讲述了）。

我曾经听到过市场中有这样一种流言，并且，这句话也是一部分比较成功的人士说的，他们说："只要你学会了止损，其他的你可以不会。"

很显然，这句话有过分渲染之嫌。止损的方法和技术的确重要，但还没有重要到这样一种地步，止损只不过是一整套投机技术中的一部分。投机交易中的整个过程就像是一个驾驶员驾驶汽车一样，需要多个步骤，你不能会了这样不会那样。

我想，我们还是将整个交易的所有步骤完全解剖，然后仔细盘算一下，看一看是否真的学会了止损，就完全可以确保盈利了。我想，只有这样才会更有说服力。

我们先来看第一个步骤，关注政策导向情况。

看一看政策方面是不利因素多，还是有利因素多，这是关注市场形势的第一步，此时如果市场中有很多利好政策，支持股票向好，那么这时候就可以考虑行动，多关注行情的走势。这个阶段就像一名运输公司的驾驶员在出车之前，必须先关注一下天气，如果天气情况恶劣，有暴雨暴雪等情况，那就不应该出车；如果天气晴好，那就可以考虑出车。

第二个步骤，检查股票的质地和业绩情况。

在购买股票之前，应该先检查一下公司的每股收益、市净率、市盈率、负债率、毛利率、市销率、投资回报率、现金流等情况，因为只有这些方面都比较健康，才能够说明这个股票的质地还不错，虽然财务报表有做假的可能，但起码从表面上看，还是不错的。五粮液和茅台酒的财务报表也有可能造假，但这些好股票的财务报表再差也比那些业绩差的股票的财务报表好，这就是上市公司的龙头，它能够有这么好的龙头，就算它有假，也比那些绩差股好。因为通过检查股票的基本面和业绩情况，会降低你买到一个绩差股遭受较大风险的概率。这个阶段就像驾驶员在决定好出车之前，进行的车辆检查，该维修时就维修，该换水时换水，该加油则加油，在这样的严格检查下，小的隐患基本可以排除，虽然可能还有其他的问题，却明显降低了事故发生率。

第三个步骤，选择交易时机。

选择交易时机，是一个非常重要的环节，很多投机者之所以买到绩优股依然亏损累累，主要是因为没有确定好交易的时机。请记住，在下跌趋势中，即便是好股票也会下跌，每股收益1元钱的股票跌起来一点也不亚于每股收益为负0.3元的股票，这并不是业绩不起作用，而是因为行情变了，大家都在卖出股票，原先买入股票的人都在争先恐后卖出股票，供需关系转变了。所以你在熊市来临的时候去买股票，这本来就是错误的举动。虽然在熊市中依然会有少数股票逆市上涨，但这样的概率太小了，我们必须要做大概率的事情。这个阶段就像是驾驶员在决定发车时间，是白天走还是晚上走，完全根据当时的出车要求决定，而不是根据自己最想出车的念头决定。

第四个步骤，试探建仓。

先建立一小部分仓位，看一看市场的变化，然后再决定何去何从，这是成熟的投机者必备的建仓技巧。但大多数投机者都缺乏完善的资金管理模式，换句话说，他们根本就不懂资金管理。

我曾看到过很多有关股票交易的文章，他们宣称自己发现了某种神秘数字，完全可以准确无误预测市场未来的走势，并能够抓住那些特殊的股票，只要这个股票的走势达到了他们那神秘数字的要求，股价翻上某条设置了神秘数字的均线，股价就一定会上涨，所以在此时就应该大胆地满仓进入。

我不得不说，这犹如飞蛾扑火。成熟的投机者知道，即便你有十成的把握，也不能如此"嚣张"，藐视市场的变化，自认为猜透了市场的"心思"，最终只能打掉门牙往肚子里咽，因为聪明的投机者知道，在投机建仓的开始，投机者要做的是根据行情的走势情况，确定行情的走向，然后在建仓信号出现时，要先根据信号的优劣，提前设定好合理的止损幅度，然后再根据信号的质量，确定建仓的数量，之后再开始少量试探地建仓，并根据市场的走势情况决定后面仓位的建仓力度。

换句话说，初始仓位的建仓是一个范围，不是一个点，你要在这个范围内建立初始仓位，而不是一看到建仓信号出现，就一下子建满初始仓位或所有仓位。所以你必须懂得步步为营，稳妥前进，而不是情绪激昂地一次满仓。这就像驾驶员接到发车指令后，要提前确定好货场的进出路线，然后再开始发动汽车，在离开起点的时候，要匀速慢行，不可能发动汽车，就开足油门。然而我们很多的投机者在投机市场的行为，却总像一名喝醉酒的司机，无论情况如何，都敢于开足油门前进。

第五个步骤，顺势加码。

当行情运行顺畅的时候，投机者应该考虑顺势加码，来增加并持续自己的优势。在上面我们知道了，当投机者将初始仓位建完之后，就必须随时留意行情的变化，如果行情反转向下，并跌破了趋势，达到投机者建仓时所设定的止损要求时，就要止损出局；反之，如果行情持续向上，并产生了相当于止损幅度的利润时，就要考虑建立第二个仓位，即加码仓位。

然而，我却发现现实中的很多投机者，都在采用错误的加码方法，他们会以同一区域的另一信号作为加码信号，这是不正确的。因为这样的加码方法不能够削减你的风险，只能增加你的风险。而我们之所以采用盈利加码的方式，主要是为了削减风险，即：在最小的风险中博取最大的利益。

比如，有一些投机者的加码区域往往太过接近初始仓位或者与初始仓位处于同一水平线，这样的加码方法不但不能够降低风险，反而还增加了风险。如图23－1所示。

下面的图示中，我们圈出了A和B两个买入信号，止损标的就是股价跌破250MA平均线，我们的买入理由是股价受到250MA平均线的支撑，反转向上，这说明在此处有着较强的买方力量存在，所以应该考虑建立一个中期头寸的初始仓位。于是，我们先在A处采用逐步建仓的方法建立30%～35%的总仓位作为初始仓位。这时候，我们的平均成本是4.50元左右，如果行情跌破250MA平均线我们止损的话，就可以计算出我们的止损区域是在4.00元以上，止损幅度为7%～10%，如果我们

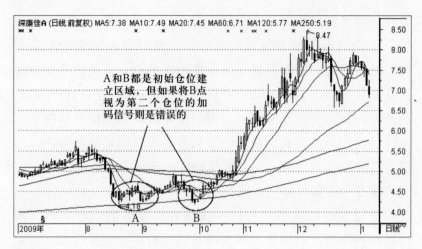

图23-1

一共有10万元资金的话，我们的止损金额就是2100元～3500元之间，我们的亏损只占总资金的3.5%以内。

相反，如果你在A处建立了30%～35%的仓位，又在B处建立了30%～35%的加码仓位，我们依然将股价跌破250MA平均线作为止损标的，这时候，通过计算我们可以得知，因为我们的仓位没有错开区域，所有的建仓成本都处于4.50元左右，所以一旦行情下跌，我们的止损金额就达到了4200元～7000元左右。这样的亏损明显太大了。这不但没有削弱行情逆转时的风险，反而还放大了风险。如果在这个区域再出现另一个同样的信号，那么你所建立的三个仓位就会全部集中在这一区域，一旦行情逆转，你的损失就会达到总资金的10%左右。

很明显，你在积累风险而不是在削减风险。

所以当你发现同一区域出现多个相同的买入信号时，应该清楚地知道，这些信号只是初始建仓信号，如果你已经建完了30%～35%的初始仓位，就应该按兵不动，不要被这样的机会吸引，耐心等待行情中出现其他更有利的机会。正确的方法是：你应该等到行情出现至少能够抵消止损的10%的止损幅度的盈利之后，才能够考虑第二个加码仓位的建立，所以正确的加码仓位，应该是在你的仓位盈利10%以上。如图23-2中所示。

从下面的图示中，我们可以看到，图中我注明了A、B处是初始仓位的建仓区域，C处是第二仓位加码区，D处为第三仓位加码区。

我们为什么要这样设定呢？

接下来，我们就解释这一做法。

从图中，我们可以看到，当股价的走势在4.50元左右运行的时候，基本上就属于一个初始建仓区域，所以我们将股价受250MA平均线支撑企稳的这一信号，确定为建仓信号。

当行情开始上涨时，我们就开始关注行情的上涨情况，如果行情上涨了10%左右，我们就可以考虑加码操作。

但是在图中，我们可以看到，如果我们严格按照股价上涨7%或10就加码的话，那么股价在上涨的途中一旦遇到60MA平均线和120MA平均线的压制，行情就有可能再次回调，这样

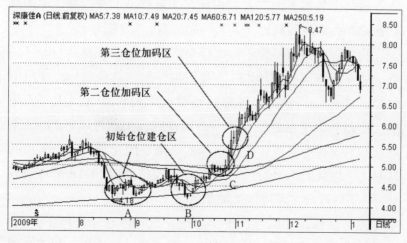

图23-2

不但不能够削弱风险，相反，一旦行情跌下250MA平均线，反而还增加了亏损，因为这个时候的加码仓位缺乏止损标的，所以远不如等股价上穿60MA平均线和120MA平均线之后再开始加码，因为这样我们就可以将60MA平均线和120MA平均线当成一个止损标的，一旦行情跌破60MA和120MA平均线时，我们可以随时考虑止损出局，这样我们的买入就有了"踮脚"，就符合了"在买入之前，就要确定好止损标的"的法则，一旦有了行情"死火"的止损标的，即使行情经过一段时间的整理再次下跌，并跌破250MA平均线，也会因为250MA平均线在逐步上移，而抹去了初始仓位的亏损。因为那时候经过时间的推移，250MA平均线已经随着行情的上涨和运行到达了4.50元区域了，与初始仓位的成本持平，此后及时止损出局也不存在过大的亏损了。

所以，当股价上穿60MA平均线和120MA平均线，收出阳线时，股价基本上就处于5元以上了，这个时候再加码，既有明确的买入信号，又有明确的止损标的，并且又因为行情的延续，使得初始仓位的止损标的也同步提高了将近10%，即便行情不利，你先止损加码仓位，之后再止损初始仓位，你的风险依然还是加码仓位的风险。所以在这种情况之下，即使行情逆转，你的损失也不会加大；相反，如果行情上涨，那么你的所有仓位都会出现盈利。

我们继续按图中所示的那样向下讲解。

如果行情运行到D处时，我们再开始建立最后一个加码的仓位，这时候，我们已经看到行情上涨到5.50元以上了，中期上涨趋势似乎已经展开了，所以此时我们就可以将20MA平均线和30MA平均线作为止损标的（图中的止损标的是采用的20MA平均线），当行情走势逆转，股价跌破20MA平均线或30MA平均线时，就可以出局了。

在这时候，你既可以全部出局，也可以选择先将C处和D处的仓位出局，留下初始仓位持续观察市场的变化。如果全部出局的话，你已经可以收获利润了，因为D处加码仓位损失3%的总资金，C处的加码仓位打平，而你在A、B处建仓的初始仓位已经盈利了。

所以，如果你操作得当的话，只要行情上涨30%，你就有利可图。如果你选择保留A、B处的初始仓位，以便看清行情，防止自己止损错误，即使行情真的持续下跌，跌穿250MA平均线，此时因为250MA平均线随着股价的走势出现了上移现象，所以即使止损，也没有成本了；相反，一旦行情没有跌破250MA平均线，而是再次止跌企稳反转向上，你又可以再次加码，持续你的优势了。因为此时无论怎么做，你都处于最小风险，甚至是无风险的境地，这样的加码才是正确有利的加码。

看一看我们上面运作的过程，是不是像驾驶员的排档，当路面清晰可见、一路平坦的时候，驾驶员就可以选择最高档位，一路疾驰；相反，如果前面路途颠簸，崎岖不平，那么驾驶员就必须减档慢行，一路小心。

第六个步骤，止损保本。

当投机者建仓之后，行情并没有像预期的那样出现你所希望的走势，并反转向下跌破了你所设定的止损标的时，那么止损也就刻不容缓。因为这说明你先前的买入信号失效了，你的判断是错误的，所以你现在必须止损出局，以免行情继续变坏，让你陷入危境。

在上面我们谈论顺势加码的时候，就已经简单讲过止损的大致方法了。在这里，因为受本书篇幅所限，我们就不再重复讲述了，如果你想详细的研究止损的方法，可以关注我的其他书籍。

换言之，止损就像是驾驶员在驾驶途中，突然遇到了紧急情况时的急刹车，这就是止损的重要作用。

第七个步骤，逐步减仓，也叫做调低仓位或逐步止赢。

当行情达到了你所预期的位置时，虽然行情并没有出现下跌，你也需要降低一下仓位，当然到底要削减多少仓位，这需要一些经验，因为再好的驾驶员也无法告诉你在路况不佳时的一个准确的油门控制量，你要自己根据目前的路况，决定所降的档位和给油的大小。所以，当行情的走势超出了你的预期，让你感到恐慌不安的时候，你就可以适当降低仓位，将一部分利润收入囊中，然后再让其他一部分仓位持续优势，这也是一个不错的选择。

聪明的投机者知道，当行情达到自己的预定目标时，无论行情是否下跌都应该先削减一下仓位，以防行情突变让自己先前的盈利付之东流，如果行情持续向上，那就持续降低，直到手里只剩下30%的仓位，这时候才能够一直持有到市场发出最后的平仓信号时平仓。换言之，如果行情超出预期，那么只有30%的仓位会在最后时刻卖掉，这些仓位有可能很久才会卖掉，也可能不久就卖掉了，这完全要看市场的走势是否健康。

想想看，这个过程是不是像驾驶员即将到达目的地时，为了降低速度的减档慢行？

第八个步骤，平仓出局。

这是投机操作的最后一个环节。很多长线投机者都喜欢在出现平仓信号时一次性平仓，然而，你可能偶尔会卖在一个最高点上，但大多数情况之下，行情在你卖出之后又开始反转向上，持续上涨了。这就是一次性平仓的弊端。有时候它的确会让你快速摆脱危险，但事实证明，要想一次性精准地平仓，就像在期望自己能够一次性精准建立起所有的仓位一样不切实际。

在顺势加码的过程中，我们知道了，我们根本就不可能一次性精准建立起所有的仓位，因为那样的风险太大了。然而，平仓也是一样，除非行情在你预期的位置反转向下了，或者你有明确的交易规定，在这样的情况下，你才能够一次性平仓出局。如果你是一位想要将整个"趋势"收入囊中的投机者，你就必须掌握逐步平仓的原则，因为只有这样，你才有可能获得更多的收益。

就像上面第六个步骤"逐步减仓"中谈到的那样，先缩减一部分仓位，比如30%或40%，如果后市行情继续变坏，那就直接出掉手中所有的其他仓位。相反，如果后市行情没有变坏，而是持续上涨，那也应该逐步减掉一部分，直到只剩下30%的仓位之后，再根据行情发出的最后信号全部平仓出局。

我还是用另一张图示来说明一下吧。如图23－3所示。

从下面的图示中，我们可以看到，如果我们在A处建立初始仓位之后，以60MA平均线为止损标的，并将B、C两处作为加码区域，同时我们将行情跌破20MA平均线作为逐步平仓的信号，并将行情跌破60MA平均线作为最后的平仓信号，这样我们就有了一个出局的框架了。

从上面的图示中，我们可以看到，当所有的仓位建立完毕之后，行情运行得非常顺畅，一直到了D处和E处时才出现了较大幅度的波动。此时投机者就可以根据计划先降低部分仓位，30%也好，40%也好，或者你按照时间框架定期减仓，都行的通。

因为在图中，我们可以非常明显地看到，如果选择在D处

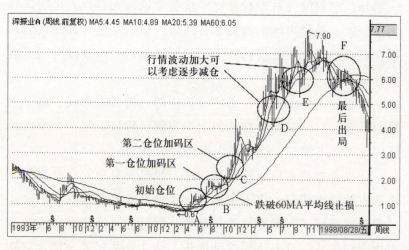

图23－3

一次性出局，那你后面的利润就会失去，所以最好的方法就是逐步卖出，在D处时先卖出一部分，在E处时再卖出一部分，当5MA、10MA、20MA平均线向下发散时，再继续卖出，直到股价下穿60MA平均线，形成图中的F处时，才开始卖出手中的最后30%的仓位。

所以投机者一定要记住，在这一次"交易中"，图中的F处是最后的平仓机会，如果股价跌穿了60MA平均线，就一定要全部平仓，因为这意味着中长期的趋势已经变了，行情有可能步入熊市了。

当然，如果你经验十分充足，并且一定要一次性出局，这也未必不可，也不能算是错误的，我这样不厌其烦地讲述，是为了让你了解一个完整的出局过程，这样有助于你逐步提高出局的技能和承受压力的能力，或者，起码你知道出局的整个步骤，在以后的出局中也有了一个完整的出局参考的模式。

通过上面我们对交易中的多个步骤的解析，你是否还认为学会了止损，即使不会其他的，你也照样可以盈利这一谬论？

我想答案不言自明：不是。

同样，那些迷信"会买的不如会卖的"的投机者也应该醒醒了，那种说法依然是错误的，因为买和卖都是整个交易中的一部分，它们的关系没有谁比谁重要之说，大多数人之所以会买不会卖，是因为他们的观念有问题，他们总是错误的认为，只有精准地买入才是投机的全部，所以他们根本就没有下工夫去研究卖出。

回想一下你的交易，是不是这样的，把买入当成了整个交易的全部，岂不知完整交易的七个步骤，你只研究了一个，并且研究得还不深刻，这样怎么能够获利呢？

所以，投机者应该明确地知道，投机交易中的八个步骤，你都应该详细研究，多下工夫。一直到你能够发自内心地说："我全都搞懂了，无论是买还是卖，我都能够清楚明白地知道应该怎样做。"只有达到这种地步，你才算掌握了一整套交易技能。不要只研究了一半，就误认为自己无所不知，已经掌握了所有的交易技能。不能全面地了解事物，会导致你产生一些错误的观念和认识。

在现实交易中，有些方法只属于一时的权宜之计，有些方法却能够让百代人都受益。正如本章所讲述的止损，止损在投机交易中只属于一种逃生之术，而并非是投机获利的全部要素。所以，对成熟的投机者来说，在行情不利的时候"及时止损"是个很自然的念头，根本就不需要过多的思考，更不可能犹豫不决。因为他们知道：事态紧迫，必须止损！这与驾驶员在面对突发问题时的急刹车一样，不需要刻意思考。

记住，只有切身经历之后，才能参透其中的道理。源自内心的迷惑，可以随着你对事物的了解而彻底消失，对事物了解得越透彻，你的迷惑就越少，那些相信谬论。盲听盲从的人，大都是一些对事情不够了解且又不肯下工夫去搞明白的人。所以，当你对目前的事物迷惑不解的时候，请尽量远离那些谬论，只有这样，你才能够避免被谬论和误听误信所感染。

第24堂课

Lecture 24

业绩决定价值，价值产生预期，预期产生供求，供求否定价值。

一家公司的业绩在不断增长，那么其公司的价值自然就会跟着提高。我们还是用一个简单的例子来说明一下，这样你会更容易理解。

虽然在上面的章节中，我们曾经举过一个类似的例子，但只要能够让你彻底搞明白，即使再重复几遍也不为过。

比如，你是一家水产养殖公司的创立者，你修建鱼池和厂房以及所有的地皮总投资为100万元，即你的净资产为100万元。

当你的水产养殖公司建成之后，第一年盈利50万元，如果别人要用100万元来买你的公司，你肯定不会卖给他，因为你的公司出现了业绩，公司的价值提升了；如果别人出150万元买你的公司，你还是不会卖的，因为按照这种业绩计算，你一点溢价都没有；即使给你200万元，你也依然不会卖掉，因为如果公司再经营一年，你就能够赚到100万元了，加上100万元的净资产，你的公司净值也会达到200万了，你依然没有赚头。

同理，如果第一年盈利100万，那么即使在第一年别人给你200万元你也不会卖的，因为依然没有溢价，甚至是300万元、400万元，你也不会卖。因为你知道如果以每年盈利50万元的幅度来计算，5年以后连带净资产你的公司就会增值到350万元以上，即使每年去掉10%的折旧费，你的公司依然可以价值300万元；如果按照每年100万元的盈利计算，那么连带净资产你的公司就会在5年后增值5倍，价值600万元以上，即使每年去掉10%的折旧费，你的公司依然可以价值540万元以上。

你看到了，只要你的公司正常经营，在第一年盈利时，它的价值就提高了，并且可以预期未来5年的价值。换言之，预期就是一种可见的"想象"型价值，可能正确也可能错误。为了证明你的公司是否能够继续增值，降低预期的失误率，那些聪明的投机者就会再观察你一两年，看一看你第二年和第三的盈利情况是在增长还是在降低，如果在增长，那么他们预期的胜算就会提高，如果在下降，那么他们就会调低预期，即如果你的盈利在不断下降，5年后你的公司价值就会因为业绩的下降而下降；如果你的盈利在不断增加，5年后你的公司价值就会因为业绩的增长而上升。换句话说，如果你的公司发行了100万元股票，发行价为2元，如果盈利稳定，每年100万元的盈利，5年后，你的股票总市值也应该提高到500万元以上，即每股5元以上，这才是合理的，然而实际上你的总市值可能会比这多得多（因为实际上股价到底是多少，无法估计，我们目前只是先用这个浅显而极端的例子来说明问题，关键是你要懂得其中的道理），因为大家都被你的业绩吸引，都在预期你的业绩如果还能够持续这样的增长，每年100万元的话，再有5年，你公司的价值就会达到1000万元了，去掉10%的折旧，公司的价值还有900万元，所以此时5元左右买入你公司的股票5年后应该会上涨到9元以上。虽然这其中会有波动，但只要公司持续盈利，股票的价值就会在公司价值的驱动下恢复。

但是市场是多变的，接下来，你公司的业绩在5年后，并没有持续盈利，而是开始连年下滑，甚至还出现了亏损，于是你的公司价值也开始从第6年开始不断贬值，业绩下滑得越厉害，其贬值也就越多，最终当你的盈利为0时，你的公司价值又恢复到了100万元，因为你的公司已经没有办法盈利了，再加上10年当中，每年10%的折旧，你的公司账面价值实际上只剩下0了，如果再有一年不盈利，你公司的账面价值就成了负资产了，如果还有贷款的话，你就已经资不抵债了。换言之，你的公司目前一文不值，只剩下一堆破铜烂铁的价值。此时你还想让你的股价上涨到5元钱吗？我想连你自己都不会相信。

这就是业绩决定价值的道理。

接下来，我们再来详细解释一下，价值是如何产生预期的，以及预期如何变成需求。

当公司能够不断稳定盈利的时候，人们就会对你的公司远景抱以乐观的态度，从而产生一定的预期。因为从目前情况来看，你的前景是很清楚的，并且人们又习惯于对任何事情都产生"惯性"的预期，就像是股价在不断上涨时，那些空仓持有的人总是会错误认为股价可能还会上涨，从而产生乐观的预期，在应该卖出的时候买入；相反，如果行情在不断下跌，那些持有股票的人往往就会错误认为股价还会持续下跌，于是产生悲观的预期，在应该买入的时候卖出。

在上面我们知道了，如果你的盈利是持续保持稳定的增长，那么那些想要购买你的公司股票的人，就会在这样的基础上给你预期一个增长空间，如过你的公司每年盈利100万元，5年以后你的资产就会增值500%左右，如果每年盈利50万元，5年以后你的资产就会增值250%左右；然而，如果你的盈利是处于不断增长状态，比如第一年盈利100万元，第二年盈利150万元，第三年你盈利200万元，第四年盈利250万元，第五年盈利300万元，那么经营5年之后你公司的价值就会随着盈利的增长而达到1000万元，价值增长了1000%，每股股票的价值也会从一开始的2元钱飙涨到10元以上，只有这样你的股票价值才会与公司的价值（总市值）等同，当然这是最保守的，因为我们并没有计算市场溢价情况（我们目前只是采用这样一个相对疯狂的例子来说明问题）。如果股票总市值小于1000万元，你的公司就会被视为低估，高于1000万元，就会被视为高估，如果股票的总市值低于公司总价值的20%～50%，即股票总市值为800万元～500万元以下，但公司的收益并没有下滑的态势，此时就是那些价值投资者择机买入的时候，因为公司在保持持续的盈利，只要公司的运转一切正常，那么三五年之后，公司的价值还会持续提高，在价值不断提高的时候，股票的实际价值也会提高。

当市场经过一轮大幅度的下跌，人们重新认识这个股票的时候，随着业绩的稳定攀升，人们对这家公司的前景再次有了新的预期，并对这个股票本身的价值有了新的预期，而这种预期就会在市场形势向好的时候转换成行动，转换成一种市场供求行为，于是那些看好这个股票的投机者便开始进入市场买入你公司的股票，当有太多的投机者都在不断买入你的股票时，你的股票价格就会在这种需求的带动下弥补原先的价值凸陷，将股价推升到更高的价位，这就是价值产生预期，预期产生供求的道理。

那么供求为什么会否定价值呢？

这就是很多投机者都在思索的一个问题，也是很多经济学家们所期望的，那就是股价应该尽量接近公司的实际价值，只有这样的市场才是合理的。但我要告诉你的是，请放弃这种幼稚的想法。因为公司的价值在现实当中实际上只是一个抽象的大概值，因为即使你要把你的那辆开了十几年的老爷车卖掉，你也无法确切知道它的实际价值，你只是知道一个大概价值、一个"行市值"而已，有时候会多，有时候会少，如果二手车市场的人气活跃，买家多，有好几家都看好了你的那辆车子，那么车子的价格就会上涨，反之，就会下跌。换言之，我们所说的你的车子值3万元钱，实际上只是一个大概值，因为现实当中可能会高也可能会低，如果市场活跃，你的车子卖价就会高一些，如果市场低迷，你的车子卖价就会低一些。

这样我们就不难理解供求否定价值这一说法了。因为在投机市场中，公司的价值也是一个大概价值，人们根本就无法准确确定一家公司的真实价值，所以我们只能够根据普通的标准来确定一个大概价值，然后依据这个标准来决定股价是高估还是低估，当然在现实中，有经验的投机者会尽量保守地评估公司的价值，只有这样你才有可能得到质优价廉的股票，换言之，尽量将公司的价值评估得低一些，只有这样你才有可能得到价格上的"优惠"。

所以，随着一轮熊市的到来，投机市场人气低迷，购买股票的人也越来越少，随着需求的降低，即便是好股票也有可能会低于其原先的价值。相反，当牛市到来的时候，因为市场人气活跃，随着新买家的不断出现，需求大大提高了，很多股票都被市场高估，人气越旺，需求就越大，需求越大，股价高估的幅度就越大。换言之，当市场中的需求降低时，股价就会下跌，当需求上升时，股价就会上涨，致使股价无法维持在原先的价值区域，即因为供求力量的大小变化，导致了股价不是高估就是低估，从而"否认"了股价原先的价值。简单地说，股价的波动实际上完全是由供求关系决定的，而只有公司的业绩才能够提升公司的价值，并通过公司价值的提升，让人们产生向好的市场预期，最终这种向好的预期就会转换成一种市场需求，从而导致股价上涨，甚至出现高估的情况。相反，当公司的业绩开始下降时，公司的价值也会随之下降，公司的价值下降了，人们的预期也会下降，人们的预期下降了，需求自动就会减少，甚至很多原先的买家也会变成卖家，随着市场人气的不断消退，这个股票往往就会被市场低估，所以投机市场中的股票通常会随着市场供求关系的变化，不是被高估就是被低估，这属于一种非常正常的现象，任何企图改变这种市场现象和变化模式的想法和行为都是枉然的。

通过上面的讲述，我们知道了，公司业绩持续稳定或不断增长就会提升公司的价值，当公司的价值出现了大幅的增长时，那些市场大买家就会对这样的公司产生向好的预期，一旦这种向好的预期产生，那些大买家就会将这种预期转化成一种内在的需求，从而通过买进这些股票，将预期转化成购买行动，于是供求关系就出现了，随着需求的不断增加，股价也开始越涨越高，最终返回原先的价值区域，甚至出现高估的现象，这就是业绩影响价值，价值影响预期，预期产生供求，供求最终否定价值的循环模式。

所以聪明的价值投机者知道，趁着市场步入熊市的机会，开始关注那些业绩优秀的股票，一旦这样的股票被市场大幅低估，他们就会开始关注这个股票，并在市场价格逐步企稳、公司业绩再次出现增长之时，买入股票长期持有，因为他们知道，随着业绩的再次增长，公司的价值也会再次提升，这也必然会促使那些市场"大亨"们产生向好的预期，随之，这种预期就会通过购买股票而转化成一种真实的需求，随着需求的不断增加，投机市场也会逐步进入牛市，最终股价会在牛市效应的推动下大幅上涨，并脱离股票的真实价格，出现高估的情况。

记住，股票的价值以公司的业绩（利润）为基础，但业绩（利润）并不直接影响股价，它必须通过预期来形成购买意愿，并把这种购买意愿转化成真实的供求之后，才能够影响股价，如果市场中的投机者没有将预期转化成实实在在的供求，股价就不会上涨。换句话说，公司的价值与股价未来的走势没有任何直接的关系，如果市场中没有需求，即使有大量的资产为基础，也无法促使股价上涨，要想促使股价上涨就必须将预期转化成需求，因为无数的现实已经证明，唯一能够影响股价上涨的就是市场的需求。但现实还让我们看到了市场的另一面，公司的资产价值和业绩，可能不会影响股价上涨，但在很多情况下，那些缺乏公司价值基础的股票，往往会导致股价下跌。

第25堂课

Lecture 25

我坚决排斥傍大款，但在投机市场我做不到。

很多女孩在给自己寻找归宿的时候，通常都会考虑很多因素：对方的家庭条件怎么样？有没有经济基础？人品如何？这都是很正常的。但无论如何，我都不会赞同一个女人仅仅为了钱，就决定是不是应该嫁给对方，因为这种行为破坏了诚挚的情感，是对感情的不尊重。

一定的物质基础是生存的根本，也是幸福的保障，但过于追求物质、一切都以物质为出发点，就偏离了人间正道，是对爱情的亵渎。

但是我不得不说，在投机市场我提倡所有的投机者都要傍大款，并且条件也要更加苛刻。对于那些没钱、没势的"穷小子"公司，你必须势利，你不需要考虑别人的看法。

所以，在你看好一个股票之前，就必须先研究一下这家上市公司的所有家当和其财务的进出情况。

接下来，我们就来讲述一下，在现实市场中，你需要研究哪些项目。

第一项研究的就是"他"会不会赚钱？"他"的"薪水"高不高？

一家上市公司的盈利能力不高，就像一个人的薪水太低一样，仅靠每年寥寥无几的盈利，是很难维持公司的进一步发展的，你什么时候看到一个每年收益不到一万元钱的人，到最后变成富翁的？所以一家公司没有较高的收益，基本上就可以确定其为缺乏盈利能力，如果这种情况不能在3年内得到有效的改善，那它就只能这样了。

然而，实际上"他们"其中的大多数到最后都继续倾入平淡，打算买入这样的股票长期持有，并幻想着它一旦业绩好转，就能让你大赚一笔，那你还是多培养一下自己的乐观主义精神吧。

第二项研究的就是"他"的业绩增长率。

当你确定了他是个能赚钱的"主儿"以后，你还要研究一下，他的盈利情况是稳定的还是处于增长状态的，我们当然更希望"他"的盈利情况是属于增长状态的，因为谁不希望自己看好的"主儿"能够年年加薪呢？有谁会喜欢一个工资一年不如一年的人做自己的人生靠山呢？

所以研究一下这家上市公司的业绩增长率，依此来考量一下"他"今后的增长潜力大不大，有没有进一步增值的空间，这项工作也是非常重要的。因为如果这家公司的业绩总不增长，那么一旦市场经济不景气，它就很有可能陷入业绩下滑的境地，甚至陷入经营危机。

第三项就是要研究一下"他"的资金进出情况。

看看"他"的现金流是不是正常的，"他"的业绩再好，发展得再大，但没有现金入账，或者现金进出比例失衡，总是出钱多进钱少，这也是一个非常危险的信号。因为，这意味着"他"只是在不断地投入，却不能及时收回投入，时间长了，那些投入的资金就会贬值，"他"的财富就会缩水。

想一下，你看好的那个"主儿"，非常喜欢投资做生意，也能够身体力行不断拿着钱去尝试，可是每一次都是投入得多，但收回来得少，你还能相信他是个经营天才吗？在现实生活中，你可以鼓励他，和他同甘共苦，一直支持他到赚钱的那一天，可是在投机市场，面对这样的上市公司，你就必须一脚端了"他"。

第四项研究的就是一家公司的毛利率。

这就相当于了解"他"生意的盈利空间，如果"他"所做的生意盈利空间很大，那说明这个生意在未来可能还有很大的市场。因为大多数过了旺盛期的夕阳行业，其毛利率都非常低。毛利率高则说明他所经营的生意投入的比别人的少，但盈利比别人的大，属于一个好兆头。

第五项就是研究一下这家公司的净资产。

净资产就是一家公司的有价资产总和，也是"他"的所有家当，把"他"的车子、房子和其他的资产全部加起来，综合一下"他"的所有家当，依此来判断一下，他是一个财大气粗的真富翁，还是靠口头吹嘘的牛皮大王。

净资产没有多少，甚至净资产还是负数，还每日谈什么发展、谈什么自己又接了多少大订单、又要跟什么人合作，以及自己的产品有多好的市场前景，这简直就是画饼充饥，这样的公司一准都是吹牛大王，端了"他"不会错的。那些每股净资产只有不到1元钱，每股收益还不到两毛钱，甚至还有连年亏损的公司，就让他们靠边站。

第六项要研究的就是这家公司的各项费用增长情况。

如果一家公司的各项费用支出平稳或呈现下降的趋势，业绩也平稳且呈增长态势。那么这种情况就属于一种好兆头。这说明你看好的"主儿"不但精明能干，并且还勤俭节约。在这种情况之下，资产增值向好就有了充分的保障。

而那些盈利不大甚至根本就没有盈利，但各项费用却在不断增加的"主儿"，我们完全可以把"他"归纳为"花钱如流水"的那一种类型，这种盈利能力不大却花钱如流水的"主儿"，最终都会倾向于破产。

第七项你还要研究一下对方的资产负债情况。

了解一下对方的资产负债率，就会知道"他"是不是欠别人很多钱，如果是的话，那你嫁给"他"可能就会亏本。

看一看那些资产负债率超过100%的公司，这样的公司几乎就没有自己的资产了，即便是再有能力的人来经营它，也无法起死回生了。用巴菲特的话来说："一家好公司，谁来经营它，也还是好公司；一家差公司，即使给它安置上最好的人选，它依然是一家差公司。"

这几句话给我们道明了，去买一个负债累累、资不抵债的公司股票，是一种非常不明智的表现，期望一个资不抵债的人在短时间内东山再起，这样的故事只在小说中有，现实生活中他们大都会长期侵于平寂，直到最终破产。

所以，将所有的希望都建立在一个负债累累的公司上，指望偶尔一天它能够扭转局势，一飞冲天，这样的愿望大都以落空而结束。

请记住一句话，通常那些有盈利能力且资产殷实的公司，都不喜欢借钱，因为借别人的钱是有代价的，即使那些银行家掂着礼物登门送钱，人家也未必会收。

第八项你要研究的是这家公司的货币现金情况。

看一看"他"银行账户里有多少储蓄，够不够今后的发展需要和日常的生活开支？

资产丰厚，赚钱能力又强，且银行账户资金丰厚的"主儿"，即使是落入困境，也有东山再起的机会，因为殷实的资产经得起折腾。所以，这样的"主儿"才是值得依靠的最佳人选。因为"他"不但能够抵挡住偶尔的困境，还能够在发现新的机会时，有足够的财力去开发，有更大的发展天地。

第九项你要研究的是这家公司以前有没有劣迹斑斑的事迹。

最好的人选当然是那些赚钱能力强、现金资产丰厚、且人品信用又好的人。

那些信用上出现过危机，欠钱不还、丑闻不断的人，哪怕"他"有再多的钱，嫁给他你也未必会幸福。

一家公司的管理者没有责任心，经常偷偷卖出手中的股票，你如何还会相信他们会为股东的利益着想？现实中公司管理层如果卖掉了自己的股票，一般都会被市场看成是一个不好的消息，这说明公司的管理层对自己的公司前景和股票的价值有所怀疑，缺乏信心，你还能够对"他"抱有希望吗？

所以，研究上市公司的市场行为和市场形象，就像是研究对方的人品和人缘一样，一个爱撒谎的人和一个总是喜欢背地里做一些损人利己的事的人，你如何能够相信他？那些上市多年却连分红承诺都没有兑现的公司，你如何可以相信"他"能够盈利呢？这种只让股东干活却不给钱的公司，最好离他们远点，因为没有人会相信，一个只知道让人付出却始终劳而无获的人，会是一个品格正直的有钱人。

第十项研究上市公司的身世背景，看一看"他"是出身"名门望族"，还是来自"权臣之后"。

一个平凡的人可以有钱，但却无法在短时间内跻身名门。名门是高贵的象征，也是财富的象征，现实中有钱的人很多，但却始终无法被称为名门望族，因为名门望族是通过几代人、甚至很多代人的不懈努力才能够实至名归的，而不是一个人富了，就可以被称为名门望族的。

权力的作用是无上的，权力可以决定很多事情，可以决定经济的发展动向，可以决定人们的生活水准，可以决定很多人的人生和前途。那些出身权贵之家的人，通常都会官运亨通，青云直上。同样，一个出身名门望族的人，早晚都会飞黄腾达。

那么，这与挑选股票有什么关系呢？

关系很大，换句话说，同样质地和业绩增长情况的上市公司，我会选择那些有背景的，比如招商银行（600036）、招商地产（000024）、招商证券（600999）、招商轮船（601972）等一系列以"招商"开头的股票，因为他们的实际控股人是"招商局集团有限公司"，所以这样的股票就属于背景雄厚的"名门望族"。而像广深铁路（601333），其实际控股人为"中华人民共和国铁道部"，以及中国联通（600050）、中国远洋（601919）、中国船舶（600150）等股票，其实际控股人为"国务院国有资产监督管理委员会"这样的"官商"公司，就属于权贵之后了，因为对于这样的公司，国家有了好的政策一定是他们先受益，即使爆发金融危机，因为他们实力雄厚，有官方背景，也不会因为经济下滑而破产。

这说明如果你看好的"主儿"，其家庭背景非常显赫，那么即使他一时不得志，也总会有东山再起的一天，并且如果他又精明能干，依赖这样的背景，那么他要成就一番事业简直易于反掌，根本就没有什么悬念。

通过上面的讲述，我们知道了，在挑选一个股票的时候，我们必须排除个人的情感，"我不喜欢那些沉甸甸脏兮兮的钢铁，所以我不买他们的股票"，或者是"我非常喜欢养宠物，所以我喜欢买宠物饲料公司的股票"，如果你基于这样的理念去买股票，用不了多久，你就会知道你是多么的一厢情愿。

所以，关注那些既有钱，又有能力，且背景又好的公司，这样的公司股票才是你在熊市末期大胆买入并长期持有的标的。那些账户中没钱，且又负债累累的公司，就让他们靠边站，在投机市场中，你必须势利眼。

换言之，摘果子要摘熟的，买股票要买好公司的。虽然有些人通过购买那些不入流的股票也能够赚到一些钱，但这就像吃饭穿衣一样，没有一个厨师可以做出一个符合100人口味的饭菜，也没有一个设计师可以设计出一套让100个人都满意的衣服，关键是看你的品位如何。简而言之，馒头和鲍鱼都能让人吃饱，30元的衣服和3000元的衣服都能够遮体，关键是你的品位。在现实生活中，购买那些名牌衣服和进入高档餐厅来满足自己的品位，你可能会花费大量的金钱，但在投机市场中讲点品位却是不要钱的，只看你是否愿意，因为在恰当的时候购买那些极有来头的股票，可以给你带来财富。所以在投机市场中，你最好试着提高一下自己的品位，让那些卖鲍鱼的高级酒店和那些挂满高档衣服的商场来为你盈利，因为这些都不是亏本的买卖。

记住，在投机市场中不要嫁给"穷小子"，只有傍大款你才能够得到更高的盈利。但切记，不要将投机交易与美好的生活相混淆，在现实生活中无情无义地傍大款，是一种缺乏道德、亵渎感情的错误行径，你也会因此而遭到社会的谴责。

第26堂课
Lecture 26

卖掉那些处于调整阶段的领涨大盘的绩优股,然后换上一个"即将"上涨的低价绩差股,这种方法通常得不偿失。

投机市场中普遍存在着一种错误的交易方法,那就是很多投机者都会忽略股票的业绩和质地,将那些正处于上涨趋势中的股票卖掉,然后买进一些股价较低的股票,他们认为那些业绩优秀的股价上涨得太高了,所以应该卖掉这些股票,这样就可以有更多的钱在更低位买入一个"还没涨到位"的股票,一旦行情向好,就可以赚到更多的钱。

理论上听起来似乎有些道理,然而这种方法在现实中却很难让人如愿以偿,因为现实证明,只有个别滞后上涨的低价绩优股会成为后起之秀,在大盘处于下跌时期能够逆势上涨,大多数股票都会跟随大盘一起下跌;相反,如果在大盘上涨的时候,那些没有随着大盘一起上涨的股票,它们中的80%都是因为业绩不佳而导致了滞涨,这其中虽然也有可能藏金隐玉,但是要想在一片瓦砾中准确寻找到那20%以下的金玉,可不是那么容易的,并且事实证明,在这么小的比例中穿行,你通常会选中那些残破的瓦砾。

因为,大盘上涨的时候,大部分股票都会随着大盘一起上涨；但当大盘下跌的时候，大部分股票也会随着大盘一起下跌。所以，当你卖出的那个股票在随着大盘下跌的时候，你刚买入的那个股票也会随着大盘下跌。所以，你刚刚获得的利润并没有放进你的荷包，而往往会随着另一个股票的下跌，从另一个股票中消失了。

所以，企图在行情回调的时候卖出手中正处于上涨趋势的股票，然后再买入一个低价"待涨"的股票博取更多的收益，这种方法很难奏效。

因为那些后期上涨的股票，通常都是一些行业预期不佳的股票，所以这样的股票即使能够成为后起之秀，也无法与那些领先大盘提前进入上涨趋势的股票相匹敌。因为当市场中的资金基本耗尽之时，当市场中的投机欲望倾向顶点的时候，正是市场中的那些有钱大户择机退出的时候。因为他们知道，投机市场中的机会是基本统一的，当秋季到来之时，大多数的树木都会凋零，花儿都会凋谢，指望在所有的花儿都凋谢的时候才开始种植菊花，是不可能有收获的。

换句话说，投机市场的盈利之道，就是在熊末牛初的时候大量买入低价绩优股，然后一直持有到牛市即将结束之时。除非你发现了另一个更加优秀的股票，你才可以及时换股，否则，你就应该继续持有，不要因为领先上涨的股票出现了回调或涨得太高了就卖出它，进而买入一个低价股，这种方法通常都会让你得不偿失。你会发现，当你换股之后，你买进的这个股票开始停止上涨，而你刚刚卖出的那个股票却会再次上涨，这种低劣的换股行为通常都会导致你不断地高买低卖。

所以，在投机市场中，善于取巧并不会让你真正受益，最好的方法就是在一开始就选好那些低价绩优股，然后"把好方向盘"，不要东张西望，瞻前顾后，一直到牛市的终点，然后熄火下车。

在一轮牛之中，的确有一些"二线"股票可以梅开二度，经过大幅度的调整之后，再次出现大幅度的上涨，但是即便是这样，也无法与那些一开始就领先大盘上涨的股票相媲美。因为事实证明，大多数能够领先于大盘上涨的业绩优秀的股票，都能够在一波牛市中从头涨到尾，与大盘"同寿"。而那些落后于大盘上涨的股票，它们有的可以与大盘同寿，但大多数都会弱于大盘，并提前于大盘见顶。

换言之，当你找到一个领先于大盘上涨的股票，最好的方法就是一直持有，而不是因为这个股票上涨得很高了，而在它调整的时候卖掉，然后换上一个"二线"或"三线"低价股，虽然你选择的"二线"和"三线"的股票也会受到牛市行情的推动而出现上涨，但大多数情况之下，这种方法只能削减你的利润，而并不会增加你的利润。更重要的是，即使你又找到一个能够于与大盘同寿的"二线"股，你的盈利也不会超过原先领涨大盘的绩优股。

任何一个股票在上涨的过程中，都会出现阶段性的回调，即使你趁着回调卖掉了原先的股票再买入第二个股票，第二个股票不久也会出现回调。因为在大盘上涨的过程中，通常会板块轮动，上涨的股票也会不断变化，市场中没有一味上涨而不回调的股票，只不过回调的时机不同而已。更重要的是，你这样不停地跳来跳去，很容易放弃好股票而买入差股票。

回想一下你所有的交易行为，把它记到本子上，看一看你这样做的结果，你就会知道你放弃了多少好机会。

我们还是用几个图来演示一下吧，这样会更有说服力，你也能够看得更清楚。如图26-1到图26-10所示。

我们先来看一下图26-1和图26-2中的山东黄金（600547）的股价走势与大盘对比的强弱关系。

从图26-1中我们可以看到，山东黄金（600547）领先于大盘上穿250MA平均线，步入牛市趋势。但通过图26-2中，我们可以看到，大盘在2007年10月左右就见顶下跌，并不再创出新高了，而山东黄金（600547）却经过一轮回调之后，再一次创出新高，一直持续到2008年1月左右，才出现下跌，不但

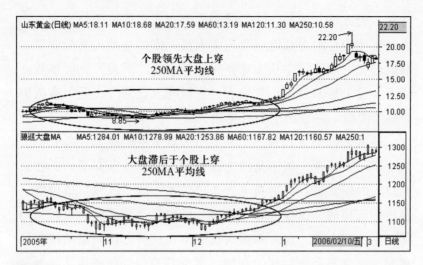

图26－1

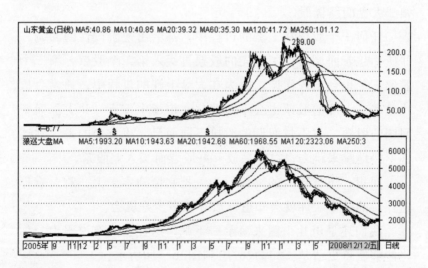

图26－2

领先于大盘启动，还滞后于大盘见顶，上涨周期比大盘还要长很多。

图26－3和图26－4是厦门钨业（600549）的股价走势与大盘对比的强弱关系。

从下面的图示中，我们可以看到，厦门钨业（600549）长

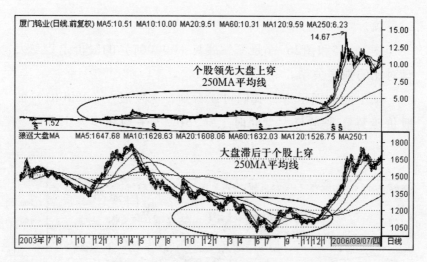

图26-3

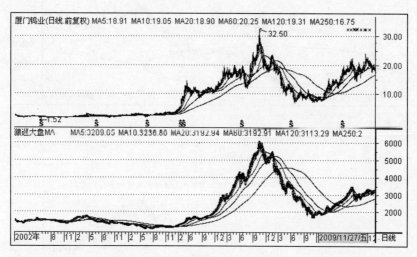

图26-4

期领先于大盘上穿250MA平均线，步入上升趋势，虽然当时股票市场一片低迷，然而厦门钨业（600549）的股价走势却是逆大势而行，强势特征非常明显。

通过图26-4，我们又可以看到，厦门钨业（600549）与大盘同步于2007年10月左右就见顶下跌，步入熊市，与大盘同时见顶。

图26－5和图26－6是深发展A（000001）的股价走势与大盘对比的强弱关系。

从上面的图示中，我们可以看到，深发展A（000001）的股价走势几乎是与大盘同时上穿250MA平均线步入上升趋势

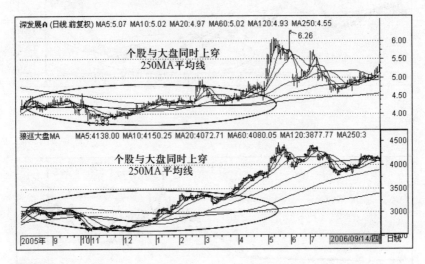

图26－5

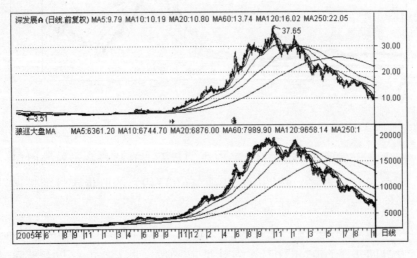

图26－6

的，强势特征也比较明显。

通过图26－6中，我们可以看到，深发展Ａ（000001）的行情走势与大盘的走势同时于2007年10月左右就见顶下跌，步入熊市，与大盘同时见顶。

图26－7和图26－8是贵州茅台（600519）的股价走势与大盘对比的强弱关系。

从下面的图示中，我们可以看到，贵州茅台（600519）的股价走势与厦门钨业（600549）的股价走势基本类似，也是长期领先于大盘上穿250MA平均线，步入上升趋势。虽然当时股票市场一片低迷，然而贵州茅台（600519）的股价走势却是依然坚挺，逆大势而行，强势特征非常明显。

通过图26－8，我们可以看到，大盘在2007年10月左右就见顶下跌，并不再创出新高了，而贵州茅台（600519）的股价却再一次创出新高，一直持续到2008年1月左右才出现下跌，不但领先于大盘启动，还滞后于大盘见顶，上涨周期长于大盘。

图26－9和图26－10是万科Ａ（000002）的股价走势与大

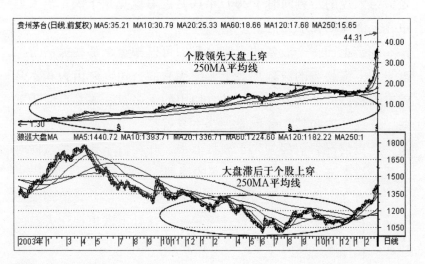

图26－7

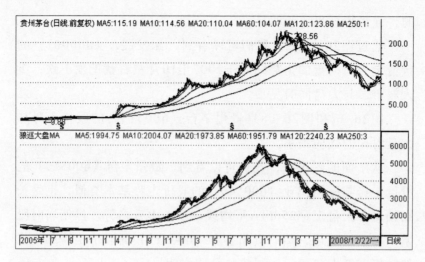

图26-8

盘对比的强弱关系。

　　从下面的图示中，我们可以看到，万科Ａ（000002）也是长期领先于大盘上穿250ＭＡ平均线，步入上升趋势的一个强势股票。

　　通过图26-10，我们可以看到，万科Ａ（000002）的行情走势与大盘的走势同时于2007年10月左右就见顶下跌，步入熊市，上涨周期长于大盘。

　　综合上面多个股票的走势，我们可以知道，那些提前与大盘步入上涨趋势的股票都属于业绩优秀的公司，并因为其本身就有着良好的业绩支撑，所以它们中的大多数涨幅都会大于那些"二线"股和"三线"股，这本身就是一个高收入的有利的条件，更何况它们因领先于大盘上涨，并滞后于或与大盘同时见顶，这更进一步延长了其上涨的周期，提升了利润空间。

　　换言之，这些股票虽然只占市场中的一小部分，但却大部分能够在一波牛市中与大盘"同寿"，并且上涨周期比大盘的还要长，这就是最高收益的最好保障。

　　我们再来看一下那些上一波行情中的二线股，如图26-11

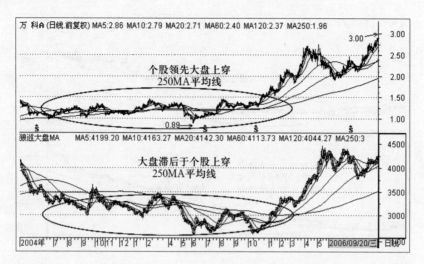

图26-9

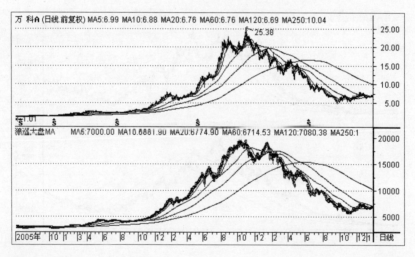

图26-10

至图26-20中所示。

我们先来看一下图26-11和图26-12中的金杯汽车（600609）的股价走势与大盘对比的强弱关系。

从下面的图示中，我们可以看到，金杯汽车（600609）属于滞后于大盘上穿250MA平均线，步入上升趋势的一个二线

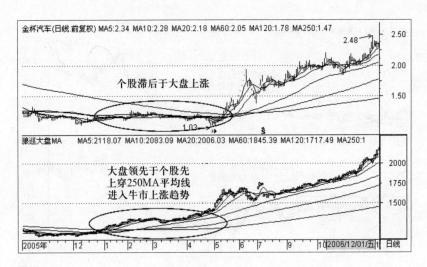

图26－11

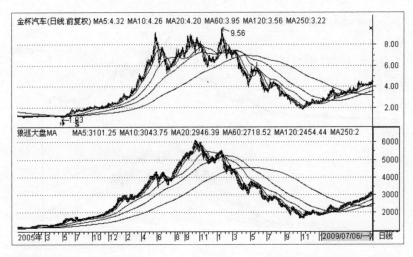

图26－12

股票。

　　通过图26－12我们可以看到，金杯汽车（600609）的行情走势虽然滞后于大盘在2008年1月左右见顶下跌，但其创出的新高并没有多大的意义，因为没有实质性的涨幅，并且因为其滞后于大盘上涨，所以即使我们就当它是滞后于大盘见顶的，利润也没有实质性的增长。

图26-13和图26-14是大连热电（600719）的股价走势与大盘对比的强弱关系。

从下面的图示中，我们可以看到，大连热电（600719）也属于滞后于大盘上穿250MA平均线，步入上升趋势的一个二线

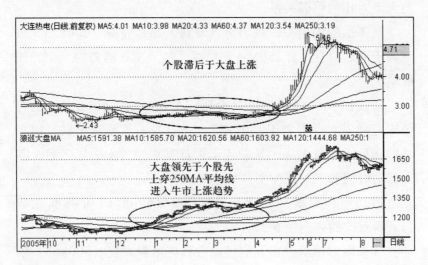

图26-13

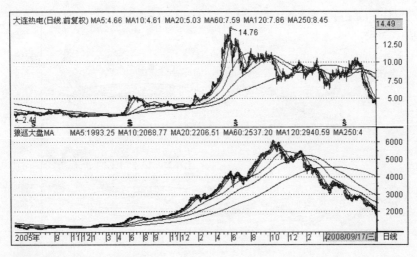

图26-14

股票。

通过图26－14我们可以看到，大连热电（600719）的行情走势领先于大盘，在2007年5月30日左右就见顶下跌。因为其即滞后于大盘上涨，又提前于大盘见顶，去头去尾之后，其上涨的时间和利润空间明显的缩小了。

图26－15和图26－16是龙建股份（600853）的股价走势与大盘对比的强弱关系。

从下面的图示中，我们可以看到，龙建股份（600853）依然属于滞后大盘上穿250MA平均线，步入上升趋势的一个二线股票。

通过图26－16我们可以看到，龙建股份（600853）的行情走势领先大盘走势于2007年5月30日左右就见顶下跌。因为其即滞后于大盘上涨，又领先于大盘见顶，去头去尾之后，其上涨的时间和利润空间明显缩小了。

图26－17和图26－18是星湖科技（600866）的股价走势与大盘对比的强弱关系。

从下面的图示中，我们可以看到，星湖科技（600866）依

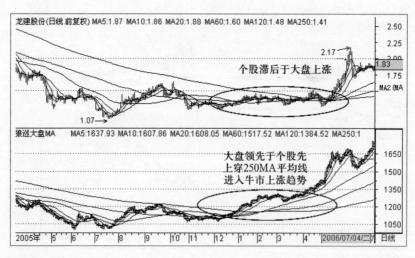

图26－15

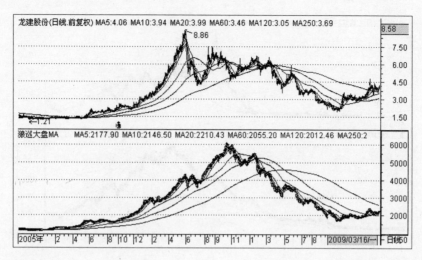

图26－16

然属于滞后于大盘上穿250MA平均线，步入上升趋势的一个二线股票。

通过图26－18我们可以看到，星湖科技（600866）的行情走势领先大盘走势于2007年5月30日左右就见顶下跌了。因为其即滞后于大盘上涨，又领先于大盘见顶，去头去尾之后，

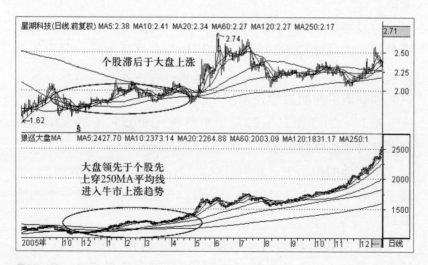

图26－17

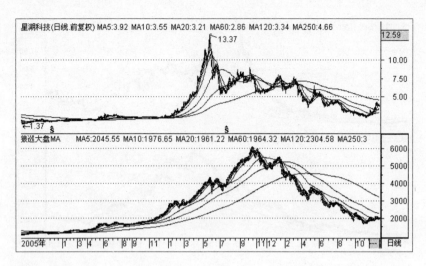

图26-18

其上涨的时间和利润空间明显缩小了。

图26-19和图26-20是ST梅雁（600868）的股价走势与大盘对比的强弱关系。

从下面的图示中，我们可以看到，ST梅雁（600868）也属于滞后于大盘上穿250MA平均线，步入上升趋势的一个二线股票。

通过图26-20我们可以看到，ST梅雁（600868）的行情走势领先大盘走势于2007年5月30日左右见顶下跌。因为其即滞后于大盘上涨，又领先于大盘见顶，去头去尾之后其上涨的时间和利润空间明显缩小了。

图26-21和图26-22是中炬高新（600872）的股价走势与大盘对比的强弱关系。

从下面的图示中，我们可以看到，中炬高新（600872）也属于滞后于大盘上穿250MA平均线，步入上升趋势的一个二线股票。

通过图26-20我们可以看到，中炬高新（600872）的行情走势领先大盘走势于2007年5月30日左右见顶下跌。因为其

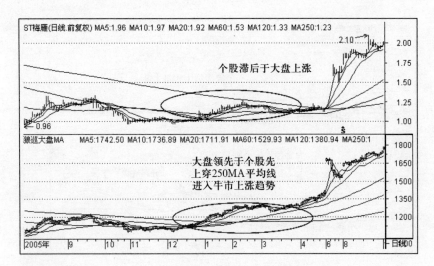

图26－19

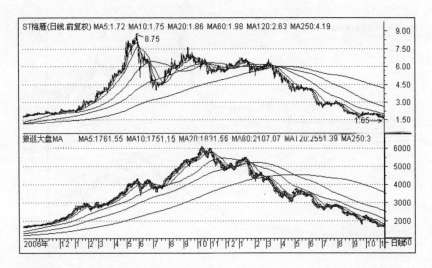

图26－20

即滞后于大盘上涨，又领先于大盘见顶，去头去尾之后，其上
涨的时间和利润空间明显缩小了。

通过上面我们对那些"二线"股的演示，我们知道了，大
多数的二线股和三线股都会因为上涨周期短于大盘，受到时间
的限制，而无法与那些强势股相一决高下，并且这样的股票在

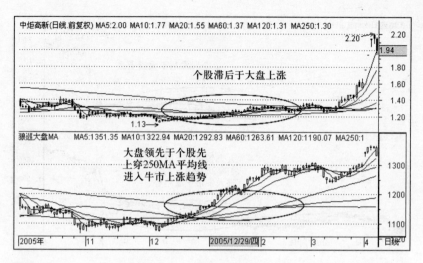

图26—21

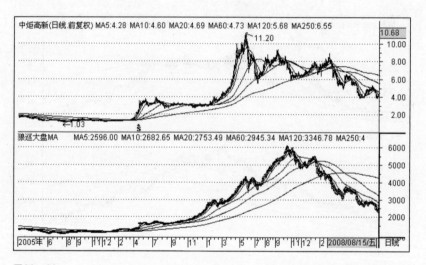

图26—22

市场中又是普遍存在的，看起来它们的价格似乎更便宜，但实际上，它们受到业绩和时间的限制，而最终倾于平淡。

所以，当你抓住一个强势股，在其上涨回调的时候卖掉它，然后再买入一个价格相对较低的股票，幻想着它更容易翻倍，很可能你的想法会落空。因为通过上面的图示证明，那些有能力上涨的一线绩优股票，通常都会提前于大盘上涨，成为领涨股。而那些滞后于大盘上涨的低价股，通常都会受到低业绩的影响而滞后于大盘上涨，即使它能够随着业绩的好转成为后起之秀，但当大势走熊的时候，它们中的大多数也会下跌。

所以，没有完全掌握市场的运行规律，喜欢用一些自以为正确、合理的想法迫使自己做一些实际上并不合理的举措，这是畸形的投机。

第27堂课

Lecture 27

背离有效吗？它是怎么形成的？

在技术分析中，我们通常都会遇到股价的走势与某些指标形成背离形态，但是因为很多投机者对这种现象缺乏了解，所以造成了很多误解，甚至出现了很多让人啼笑皆非的说法。在这一章中，我们就专门针对技术分析中的几种指标的背离现象来详细解释一下它的成因，让你知其然也知其所以然，以便你在今后研判行情时，能够正确客观地根据背离的形态来判断行情的走势，而不是迷信地认为背离有种"神奇"的力量。

首先，我们要明确股价行情与均线之间的关系，因为大多数指标所展现的也只不过是股价与某条MA平均线之间的关系，股价围绕某一MA平均线不断地穿越，于是就形成了各种幅度、形态不同的指标交叉和乖离。

我们先来看一下CCI指标与股价的走势关系。如图27－1和图27－2中所示。

其中图27－1是深康佳A（000016）2008年3月—2008年6月的日线行情走势图。图27－2是深康佳A（000016）2007年5月—2007年12月的日线行情走势图。

从下面的图示中，我们可以看到，每当主图中的股价上穿14MA平均线的时候，下面附图中的CCI指标就上穿0中线，每当主图中的股价下穿14MA平均线的时候，下面附图中的CCI

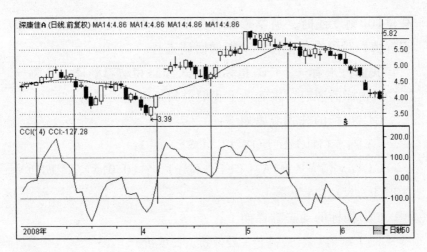

图27－1

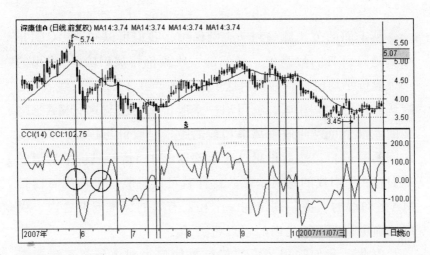

图27－2

指标就下穿0中线。

　　于是，我们可以确定，其实CCI指标围绕0中线运行，就相当于股价围绕14MA平均线运行，所以每当CCI指标下穿低位100刻度线时，通常意味着为期14日的股价走势出现了超卖行情，股价有可能出现短期的反弹；反之，每当CCI指标上穿高位100刻度线时，通常意味着为期14日的股价走势出现了超买行情，股价有可能出现短期的回调走势。

我们再来看一下CCI指标的公式源码和动态翻译，分解一下CCI指标的源码，来看一下我们说的是不是正确的。

CCI指标的公式源码如下：

TYP：（HIGH+LOW+CLOSE）/3；

CCI：（TYP−MA（TYP，N））/（0.015×AVEDEV（TYP，N））；

CCI指标的动态翻译如下：

TYP赋值：（最高价+最低价+收盘价）/3

输出CCI：（TYP−TYP的N日简单移动平均）/（0.015×TYP的N日平均绝对偏差）

从上面的公式源码和动态翻译中，我们可以知道，CCI指标就是将每日的最高价、最低价、收盘价相加后除以3得出的一个股价平均值，然后再用这个平均值与N日MA平均线（N的默认参数为14）相减，就得出一个股价平均值与14日MA平均线的差（也可以叫做乖离率和差离距，是股价与14MA平均线之间的距离），然后再用这个差除以0.015倍的股价平均值的14日MA平均线的绝对偏差，这样就可以将股价平均值与14日MA平均线的"商"圈定在一个相对有效的标准周期之内，更好地确定标准周期之内的超买超卖了。

由此，我们知道了CCI指标是如何表现市场超买和超卖的，也知道了，CCI指标的高低点其实代表的就是股价平均值与14日MA平均线的乖离率的极限值，换言之，当CCI指标达到极限值的时候，通常说明行情出现了超买和超卖，股价有可能出现回撤。接下来，我们再来解释一下CCI指标的背离形成原理，就非常容易理解了。

我们先来看一下图27−3至图27−6所示的CCI指标的顶背离形态。

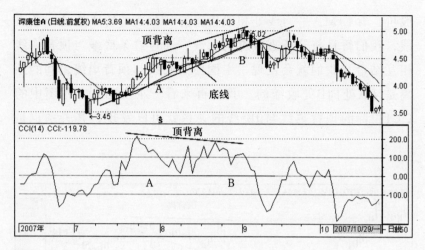

图27－3

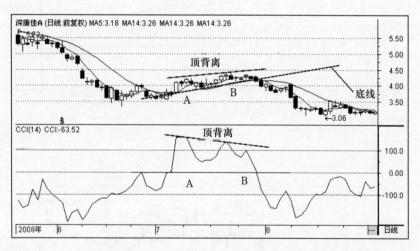

图27－4

　　从上面的图示中，我们可以看到，当股价在逐步创出新高的时候，CCI指标却出现了逐步向下的走势，形成了顶背离的形态。我们以CCI指标的穿越原理（当CCI指标上穿0中线的时候，就相当于股价上穿14MA平均线；当CCI指标下穿0中线的时候，就相当于股价下穿14MA平均线）为理论依据，从股价上穿14MA平均线处和股价下穿14MA平均线处画一条直线，我们暂且将这条直线称为底线。通过这条底线与顶背离线相互结合，我们就会发现，主图中的底线与顶背离线之间的距离是从A处向B处收缩的。我们再来看一下主图下方附图中的CCI指标的顶背离线与0中线的关系就可以发现，其关系也是

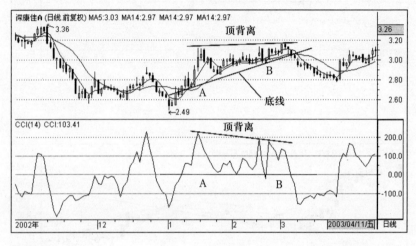

图27-5

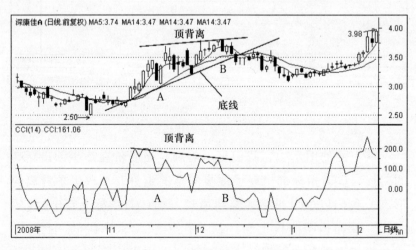

图27-6

如此。

由此，我们可以确定，股价与CCI指标的背离实际上是股价逐步向底线靠拢，导致了CCI指标也在逐步向0中线靠拢而出现的一种乖离形态，当然，你也可以理解成是股价的走势在逐步向14MA平均线靠拢而引发了CCI指标出现了背离。

虽然有时候，似乎看起来不是这么回事，但CCI指标的设计原理肯定了我们的这一说法是正确的，因为CCI指标背离的出现，就是因为行情走势的波幅一波小于一波，导致股价平均值与14MA平均线的距离（乖离率）在逐波缩小，而引发了CCI指标的逐波走低。

我们再来看一下大名鼎鼎的MACD指标的顶背离和底背离的形成原理。

首先，我们先来了解一下MACD指标与股价和MA平均线（也可以是EMA平均线）的关系。

我们先来看一下图27－7和图27－8中所示的股价走势与MACD指标的关系。

从下面的图示中，我们可以看到，每当主图中的股价上穿50MA平均线的时候，下面附图中的MACD指标的DIF线就上穿0轴线；每当土图中的股价下穿50MA平均线的时候，下面附图中的MACD指标就下穿0轴线。

于是，我们可以确定，其实MACD指标围绕0轴线上下穿越，就相当于股价围绕50 MA平均线上下穿越，所以每当MACD指标下穿0轴线时，通常意味着50日周期内的股价也将同步下穿50MA平均线，股价有可能出现持续的下跌；反之，每当MACD指标上穿0轴线时，通常意味着50日周期内的股价也将同步上穿50MA平均线，股价有可能出现持续的上涨。

我们再来看一下MACD指标的公式源码和动态翻译，来进一步了解MACD指标的设计原理。

MACD指标公式源码如下：

DIF：EMA（CLOSE，SHORT）－EMA（CLOSE，

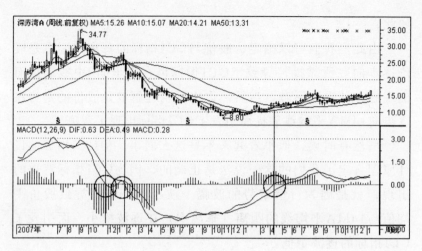

图27-7

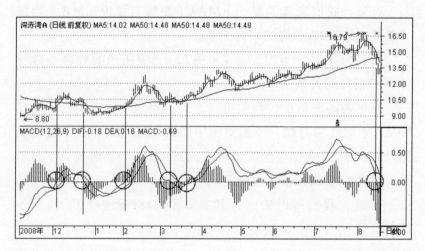

图27-8

LONG）；

    DEA：EMA（DIF,MID）；

    MACD：（DIF-DEA）×2,COLORSTICK；

    MACD指标动态翻译如下：

    输出DIF：收盘价的SHORT日指数移动平均－收盘价的

LONG日指数移动平均

输出DEA：DIF的MID日指数移动平均

输出平滑异同平均：（DIF-DEA）×2，COLORSTICK

从上面的公式中，我们可以得知，MACD指标的DIF线是收盘价短期（12日）的指数移动平均线与收盘价的长期（26日）指数移动平均线的差；而DEA线则是DIF线的MID日的指数移动平均，也就是将DIF线又重新平均了一下；而0轴线MACD则是两倍的DIF与DEA的差，之所以MACD指标对的0轴线要采用2倍差，主要是为了更有效地显示柱状线的长度，即：将DIF线与DEA线相减的差放大两倍，这样柱状线的增长和收缩就更加明显了，其比例也更加协调了。

这样我们就知道了，柱状线所显示的其实就是DIF线与DEA线之间的双倍距离，柱状线的增长与收缩，其实就是DIF线与DEA线之间的距离变化。所以当MACD指标的DIF线下穿DEA线时，就会形成向下的交叉，MACD指标的柱状线就会由红转绿，柱状线开始向下增长；相反，当MACD指标的DIF线上穿DEA线时，就会形成向上的交叉，MACD指标的柱状线就会由绿转红，柱状线开始向上增长。如图27-9和图27-10中所示。

从下面的图示中，我们可以看到，每当MACD指标的DIF线与DEA线相互交叉的时候，柱状线也随着出现了转向增长。

同时，通过上面的说明，我们知道了，当股价上涨时，因为短期的股价走势强于长期的股价走势，所以短期指数平均值与长期指数平均值的差就为正值，MACD指标就会发出黄金交叉，如果股价持续不断上涨，那么代表股价短期走势的DIF线就会带动代表长期股价走势的DEA线向上不断延伸，于是DIF线和DEA线会向上穿越0轴线；相反，当股价下跌时，因为短期的股价走势强于长期的股价走势，所以短期指数的平均值与长期指数的平均值的差就为负值，MACD指标就会发出死亡交

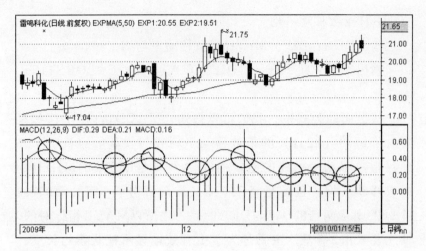

图27－9

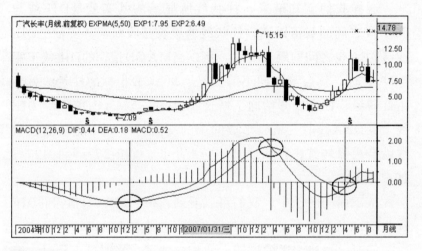

图27－10

叉，如果股价持续不断下跌，那么代表股价短期走势的DIF线就会带动代表长期股价走势的DEA线向下不断延伸，于是DIF线和DEA线就会向下穿越0轴线。

通过我们上面所讲述的，我们知道了，MACD指标中的DIF线和DEA线的主要作用就是表现行情走势的中期趋势，而既然它表现的是股价走势的中期趋势，那么50MA就是一个代表中期趋势的平均线，既然MACD指标表现的也是中期趋势，那它也必然能够表现中期趋势中股价波动的乖离率，比如股价远离了50MA平均线时，MACD指标的DIF线和DEA线也应该与0轴线有着较大的乖离率；股价靠近50MA平均线的时候，MACD指标的DIF线和DEA线也应该靠近随着0轴线。这也就是说，如果股价的波幅走势在逐波缩小，MACD指标的DIF线和DEA线的波幅也应该随之缩小；如果股价在上涨的过程中前一个波幅较大，后一个波幅较小，那么MACD指标中也应该有着同样的形态。

换言之，如果股价在逐波上涨，第一个波动行情的波动较大，股价距离50MA平均线的距离较大（乖离率较大），而第二个波动行情的波动幅度较小，股价距离50MA平均线的距离较近（乖离率较小），但创出了新高，那我们就可以肯定MACD指标的DIF线和DEA线在0轴线上方的第一个波动的乖离率也会比较大，而后面的第二个波动肯定会因为行情波动的幅度较小，而乖离率也会变小，这样的MACD形态就必然是：前一波的DIF线和DEA线走势远离0轴线，而后一波的DIF线和DEA线的走势则会因为乖离小而靠近0轴线，即，股价的走势是逐波向上的，但MACD指标的走势会出现逐波向下的背离走势，这样MACD指标的背离原理，我们就可以很清楚地理解了。

接下来，我们再通过几张图示，来看一看现实中的行情走势与MACD指标的走势是不是这样的。如图27－11和图27－12中所示。

下面是几张顶背离图示。从图中，我们可以看到，股价的走势虽然在逐波向上，但高点A处的股价距离50MA平均线的距离很大（乖离较大）；高点B处则距离50MA平均线很近（乖离较小）；如此相同的是，其下方附图中的MACD指标的DIF线和DEA线也出现了相同的走势，高点A处距离0轴线非常

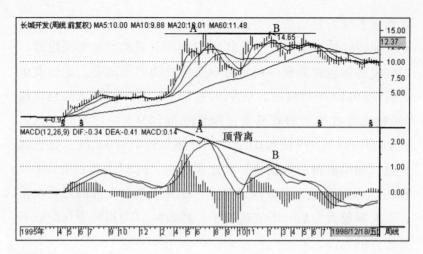

图27－11

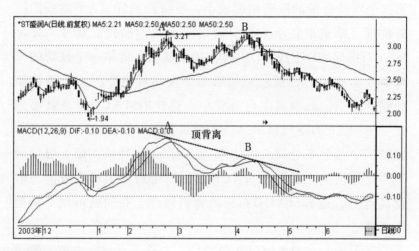

图27－12

远（乖离较大）；高点B处距离0轴线很近（乖离较小），顶背离形态就这样形成了。

由此，我们知道了，MACD指标与股价形成顶背离形态时，实际上就是股价在上涨的途中，波动的幅度在逐波缩小而形成的，它所表现的只不过是股价在不断向50MA平均线靠拢。

由此我们知道了，所有指标的背离形态，只不过是行情与指标共同作用的多种形态中的一种而已，它不具备预测的作用，也不神秘，它只是在向你"说明"目前的股价虽然在继续上涨，并且还创出了新高，但实际上股价的波动却在逐波走弱，你需要防范一下风险，以防行情会持续走弱出现下跌。这就是顶背离的含义。

上面我们知道了顶背离的形成原理和形态模式，底背离的原理与顶背离是一样的，只不过底背离是出现在下跌趋势之中的。如图27－13和图27－14中所示。

从图中，我们可以看到，股价的走势虽然在逐波向下，但低点A处的股价距离50MA平均线的距离很大（乖离较大）；低点B处则距离50MA平均线很近（乖离较小），形态走势逐波向下；如此相同的是，其下方附图中的MACD指标的DIF线和DEA线，也出现了相同的走势，低点A处距离0轴线非常远（乖离较大）；低点B处距离0轴线很近（乖离较小），但形态是逐步向上的，底背离形态就这样形成了。

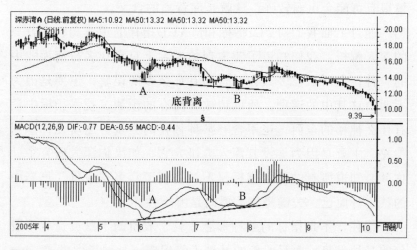

图27－13

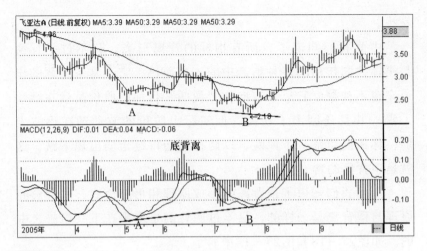

图27－14

　　由此，我们也知道了，MACD指标与股价形成的底背离形态时，实际上就是股价在下跌的途中，股价的波动幅度在逐波缩小而形成的，它所表现的只不过是股价在不断下跌时，逐波向50MA平均线靠拢，与顶背离相反，它只是在向你"说明"目前的股价走势虽然在继续下跌，并且还创出了新低，但实际上股价的下跌力量却在逐波走弱，你需要关注行情的变化，行情很有可能会由弱转强。这就是底背离的含义。

　　通过上面我们对CCI指标和MACD指标的顶背离和底背离的深入解析，我们知道了背离现象实际上只是众多行情模式中的一种，之所以很多人会对背离有那么多的误解，主要是因为不明白这其中的道理。所以请放弃所有的预测，技术指标中没有什么神秘的东西，也不含有某种神秘的力量。之所以你感到神秘，主要是因为你没有深入去研究它，如果你深入研究了，你就会知道所有的技术指标只不过表现了众多"股价"形态中的某一种而已，关键是你需要的是哪一种。

　　记住，不是指标的某种形态造就了股价的下跌或造就了股价的某种走势，而是股价的某种走势促成了某种指标模式。

第28堂课

Lecture 28

本末倒置的技术分析现象。

我们通常会听到某些技术分析人士在给别人推荐股票的时候说："因为MACD指标或KDJ指标发出金叉或因为MACD指标或KDJ指标出现了底背离的形态，所以这个股票最近一段时间将会上涨。"或者说："因为最近这个股票受到了10MA平均线的支撑，止跌企稳，所以这个股票会上涨。"

很明显，他们脑子里行情上涨的理由是因为指标的背离和支撑具备了某种能使股价上涨的"自然力量"和"神秘力量"，所以如果他们所推荐的股票真的上涨了，这些人就会对技术指标的这种现象颇加赞赏，他们得手的次数越多，就越发感觉这种方法神奇无比。

现实真的是这样吗？

我的回答是：凡是基于此类预测而买入股票的投机者，通常都会在错了的时候陷入迷惘，因为他们把事情搞反了，出现了本末倒置的分析现象。

在上面的一章中，我们知道了MACD指标和CCI指标的背离原理，同时也知道了MACD指标的交叉原理，背离的原因实际上只是行情的波谷和波峰（也可以说是乖离率）在逐步缩小，据此，我们可以判断出，行情走势的既定力量在逐波减弱，行情有可能会出现新的机会。

所以，那些所谓的金叉和银叉只不过是短期的行情平均价走势超过了长期的平均价走势而已。实际上就相当于是某一短期MA均线上穿了某一长期的MA平均线一样。而超买和超卖则只不过是通过测量股价与某一均价线的乖离程度，依此来辨别阶段性的买方力量是不是过多超过阶段性卖方力量而已，应为如果买方的力量过多地超过卖方的力量，就会出现一定的短期获利盘，而这些短期的获利盘会因为短期获利的幅度较大而卖出套现，所以指标中超买和超卖的形态走势和各种标准的刻度线，犹如水库中的各种警戒线的关系，它们是在告诉我们，目前的水位高度和警戒线的关系，如果水位太低了，就应该注意蓄水，如果水位太高了，就要注意放水。

换言之，技术指标中的各种形态，只不过是很多种走势中的一种或几种而已，因为在牛市中无论什么指标形态的股票都会上涨。而在熊市中，无论什么指标形态的股票都会下跌。没有哪一种形态一定上涨，哪一种形态一定下跌之说。

精研过技术分析的投机者，一定会有这样的体验，如果目前行情正处于熊市中，即使我们发现了一个底背离形态的股票，股价也根本不会上涨，它依然会在我们买入之后，随着大势的下跌，稍作反弹和盘整就再次下跌。相反，如果目前行情正处于牛市中，即使我们发现了一个顶背离形态的股票，股价也根本不会下跌，它依然会在我们卖出之后，随着大势的上涨，稍作回调和盘整就再次上涨。超买超卖也是一样，在熊市中超卖了还能再超卖，在牛市中超买了还能再超买，总之，它们似乎不灵了。

我们来看一下图示，如图28－1至图28－6中所示。

其中图28－1和图28－2是博汇纸业（600966）一段顶背离的股价走势示意图；图28－3和图28－4是博汇纸业（600966）一段底背离的股价走势示意图。图28－5和图28－6则分别是博汇纸业（600966）超买死亡交叉和超卖黄金交叉的股价走势示意图。

我们先来看一下图28－1和图28－2中的底背离形态。

从下面的图示28－1中，我们可以看到，博汇纸业（600966）的股价自2008年6月到2008年8月之间，股价的走势就与MACD指标就形成了明显的底背离形态，按照技术分析的解释，这时候就属于行情见底回升的信号，应该买入股票。

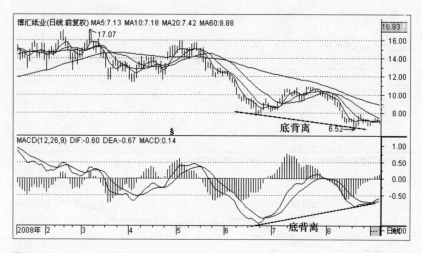

图28－1

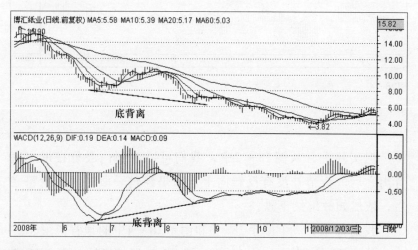

图28－2

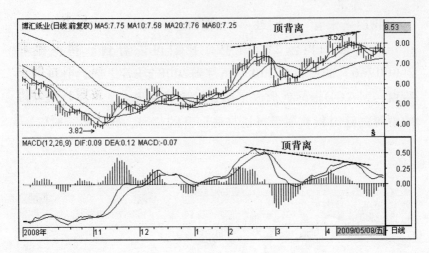

图28-3

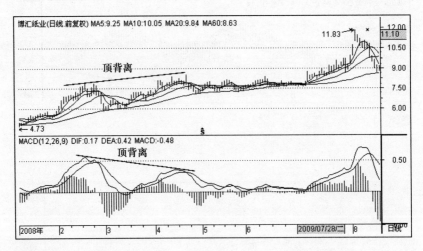

图28-4

　　但实际上,从图28-2中,我们可以看到,股价在形成底背离之后,行情并没有反转向上,而是经过一段时间的盘整之后,依然如故继续下跌。

　　我们再来看一下图示28-3和图示28-4中的顶背离形态。

　　从上面的图示28-3中,我们可以看到,博汇纸业

（600966）的股价自2009年2月到2009年5月之间，股价的走势就与MACD指标就形成了明显的顶背离形态，按照技术分析的解释，这时候就属于行情见顶下跌的信号，应该卖出股票。

但实际上，从图28-4中我们可以看到，股价在形成顶背离之后，行情并没有下跌，而是经过一段时间的横盘之后，依然如故继续上涨。

上面的4幅图，我们都采用的是博汇纸业（600966）的股价走势图，从2008年6月行情下跌到2009年8月股价上涨，时间跨度是15个月左右，这其中出现了一次底背离、一次顶背离，但行情的走势与其应该出现的走势完全相反，换言之，顶背离和底背离在一段连续的时间里，连续失灵。

我们再来看一下图示28-5和图示28-6中KDJ指标中的超买超卖情况表现如何。

通过上面的两幅图示，我们再一次发现，行情的信号形态与现实的股价走势完全相反。

从图28-5中我们可以看到，KDJ指标已经出现了超卖形

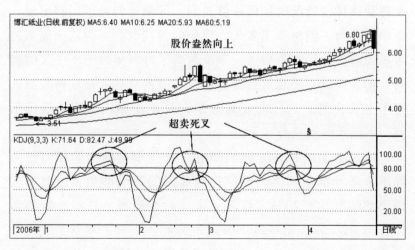

图28-5

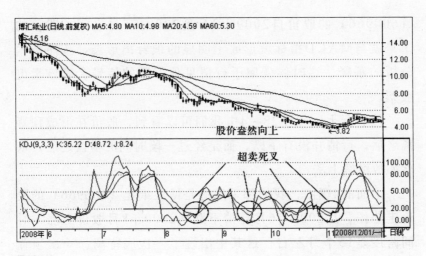

图28－6

态，并且也在80以上的高位超卖区出现了三次死亡交叉，然而，股价不但没有下跌，反而依然在上涨。

而从图28－6中我们又可以看到，KDJ指标在20以下的低位超卖区出现了四次黄金交叉，但行情却没有出现一次具有盈利性质的涨幅。

这不仅让我们联想到那些依此预测股市会上涨的投机者，在遇到这样的情况时如何能够盈利。即使他们先前能够出现一连串的盈利，但用不了多久，他们的盈利就会因为这一连串的亏损而消失殆尽。正所谓：辛辛苦苦了好多年，一下子又回到解放前。所以，要想依赖这种盈盈亏亏的交易方法取得收益，可不那么容易。这样的交易结果，只能让你该赚到的钱赚不到，不该亏的钱反而亏了。

通过上面的讲述，我们知道了，技术指标中的任何信号都不具备预测的功能，即使你购买时的准确率和卖出时的准确率都能够达到70%，综合下来你的准确率也只不过是70%×70%＝49%，还不到50%，因为那些买对了卖错了和买错了卖对了的交易，你根本不可能盈利。你实际盈利的次数只有不到一半，别忘了，这是你的最佳战绩，是忽略其他错误的战绩。如果你再犯一点其他的错误，你的准确率就会更低。

那么，是不是这些信号毫无用处呢？当然不是，它有很多用处，但它不能预测后市。它只能告诉我们目前的行情走势状态。如果此时某一指标出现了顶背离的话，它就是在告诉我们："股价虽然在逐波上涨，但正在向中期成本区（MA平均线）靠拢，市场中的买方人气在逐渐消退，股价有可能要走弱了，应该注意防范风险。"如果是底背离的话，它就是在告诉我们："股价虽然在逐波下跌，但却正在向中期成本区（MA平均线）靠拢，市场中的卖方人气在逐渐消退，股价可能要转强了。"

同样，如果是某一指标的超买信号出现了，则是在告诉我们："股价目前正处于超买时期，一部分投机者已经有了获利，股价随时有可能出现回落，应注意获利盘的抛压。"如果某一指标的超卖信号出现了，则是在告诉我们："股价目前正处于超卖时期，一部分投机者会因为市场中出现了较大的获利空间而买入股票，股价随时有可能出现反弹，应注意把握机会。"

换言之，那些技术指标所发出的信号，只不过是一些具有警示意义的信号而已，它并不能导致股价上涨，更不能预测股价的涨跌，只是股价处于某种形态时导致技术指标出现了一种相应的反应模式，留下了一种预示变化的可能性征兆而已，与预测一点关系都没有。我们所谓的预测，只不过是基于某种信号模式，而给出的一种特定的具有针对性的可能性判断罢了。把一种特定的可能性信号，冠以某种神奇的特效，则充分暴露了很多人对技术指标的原理和交易之道，缺乏深入的了解。

记住，不是因为燕子飞来了，所以春天才到了；而是因为春天到了，所以燕子才会飞来。技术指标信号只是行情变化时必然出现的一些基本形态，但这些形态的出现却并不代表行情必然会出现某些特定（特殊）的变化，它们只不过是用另外的一种方式，描绘股价走势在发生变化时的各种特征，它们只不过是市场中最容易被发现的信号，并让我们据此判断行情有可能出现与以往信号相同的类似变化而已，它们并不具备某种神秘的力量，也不具备预测的作用。

第29堂课

Lecture 29

坚信现状，否定变化，是所有人最容易犯的错误之一。

热恋中的年轻男女，通常都会信心充足地说："我知道，我是他（她）的唯一，他（她）绝不会轻易离开我。"生意兴隆的生意人总是会信心百倍地说："我知道，我们的产品供不应求，生意还会继续好下去。"一个赚到钱的投机者则会说："我知道，市场正是火爆的时候，各种因素都显示行情还会继续上涨。"

然而事实证明，无论一对年轻男女多么如胶似漆，都有可能随时面临感情的破裂；无论一个商店的生意多么红火，都有可能随时出现商品滞销；同样，无论投机市场的行情走势多么喜人，风险都可能随时袭来。

从上面的例子中，我们可以知道，大多数人都会在现状的迷惑下忘却了变化。这些被眼前的好光景宠坏了的人，怎么也想不通：为什么昨天还是柔情蜜意的恋人，今天就变得冷漠无情；为什么昨天的生意还异常红火，今天突然就门可罗雀；为什么昨天还异常火爆的市场，今天一下子就狂跌不止。所以，他们通常会因为想不通，而不愿意接受、面对眼前的残酷现实。

然而，我们还会看到那些乐观的投机者，在自己的账户出现亏损的时候，他们总是习惯并致力于琢磨亏损的原因，而不是赶快行动，避开风险，停止亏损。

我曾经看到过自己朋友的儿子，在女友向他提出分手的时候，他觉得这件事情太荒唐了，太不可思议了，两个人的感情一直很好，根本没有一点迹象说明他们两个会有分手的一天，分手对他来说是多么的不可想象，然而现实就发生了。所以，他一直搞不明白这是为什么，他甚至想亲自去问一下那个女孩分手的原因，他说："连原因我都不知道，真是死不瞑目。"

看一看，一个被感情困住了的人，是多么无助，多么迷茫。

然而，聪明的投机者知道，很多事情的变化不是之前没有征兆，而是他们太大意了，他们太相信眼前的现状了，所以他们不愿意去想，也不愿意去在意那些细微的征兆和变故。

这不仅让我联想到那些因为过于乐观而忽视市场中细微变化的投机者，在面对必然的变化时，所显现出来的那些不理智的行为。

在2007年5月30日之后，我的一个朋友和我一起买入了招商轮船（601872）和中国银行（601988），想想看，那时候我们对这两个股票的期望有多高，在大多数股票下跌的时候，我们还敢于大举进入。

可是进入2008年之后，这些股票就开始逐步走低了，那时候市场中的活跃气氛还没有完全消失，用算命先生的话来说叫"还有余气"，并且很多股票的业绩还在增长，市场中不断有某些知名人士呼吁"不要卖出手中的股票，本轮行情是有史以来最大的一次牛市行情，我们中国改革开放的形势一片大好，中国经济增长的基本面没有改变"。然而，这一切都没有阻止市场的下跌。

在这之后的不久，行情没有再创出新高，我的资金账户开始缩水了，并且这两个股票的趋势也开始逐步变坏。有经验的投机者知道，当行情经过一轮中期的回调之后，如果不能够再一次创出新高，并且成交量也较之前上涨时的成交量明显缩小，这通常都是一个危险的信号，说明市场中的购买意愿在下降，现在买入的投机者已经不像先前那样多了，市场的人气开始逐渐消退了。

然而，在这个时候，很多人不愿意面对现实的一个重要原因就是：公司的基本面在这个时候通常还是健康的。换句话说，在这个时候，很多公司的基本面并没有任何衰退的迹象，甚至有很多公司的业绩和每股收益依然处于增长阶段。这让很多人找到了不愿意退出市场的理由。他们坚信，公司的盈利状况依然向好，公司的基本面没有变坏。

我们先来看一下招商轮船（601872）和中国银行（601988）当时的股价走势和每股收益情况。如图29－1、图29－2与表29－1、表29－2中所示。其中图29－1和表29－1分别是招商轮船（601872）的股价走势图与每股指标，图29－2和表29－2分别是中国银行（601988）的股价走势图与每股指标。

从下面的图表中，我们可以看到，招商轮船（601872）和中国银行（601988）的股价在2007年5月30日之后，依然表现强劲，并且其每股收益的表现依然是上涨的，这也是我当时买入它们的主要原因。但到了2008年之后，情况就有了变化，因为股价开始下跌了，并且其下方的成交量也显得非常低迷，明显少于先前股价上涨时的成交量，呈现出持续缩量的形态。当股价创新高未果并再次下跌时，我开始逐步减仓了，并打电话给我的朋友，告诉他我要卖出股票了。

可是，他对我的反应竟然如此惊讶，他说："你怎么回事？这个股票的基本面很好，业绩也继续处于增长状态，你是不是傻了，这个股票长期持有，一定会盈利的。"

我说："我知道这个股票的基本面很好，它的业绩也在增涨，可是趋势变了，成交量也明显处于萎缩阶段，市场的人

表29－1
【历年简要财务指标】

财务指标 (单位)	2009－09－30	2009－06－30	2009－03－31	2008－12－31
每股收益(元)	0.1000	0.0600	0.0600	0.3600
每股收益 扣除(元)	0.0900	0.0600	0.0500	0.3800
每股净资 产(元)	2.7500	2.8100	2.8000	2.7500
调整后每股 净资产(元)	—	—	—	—
净资产收益 率(%)	3.7000	2.2900	1.9800	13.0800
每股资本 公积金(元)	1.2687	1.2687	1.2687	1.2687
每股未分配 利润(元)	0.7417	0.8042	0.7955	0.7399
主营业务 收入(万元)	134773.23	90067.41	49903.60	321079.49
主营业务 利润(万元)	—	—	—	—
投资收益 (万元)	1547.61	887.15	338.91	−3734.15
净利润(万元)	34943.39	22082.57	19085.23	123312.50

财务指标 (单位)	2008－09－30	2008－06－30	2008－03－31	2007－12－31
每股收益(元)	0.4000	0.2500	0.1300	0.2500
每股收益 扣除(元)	0.3600	0.2100	0.1100	0.2400
每股净资 产(元)	2.7500	2.6800	2.6000	2.5500
调整后每股 净资产(元)	—	—	—	—
净资产收益 率(%)	14.5000	9.2700	4.9400	9.6900
每股资本 公积金(元)	1.2329	1.2426	1.2491	1.2576
每股未分配 利润(元)	0.7900	0.7114	0.5910	0.4624
主营业务 收入(万元)	257057.65	163292.13	83224.43	242092.10
主营业务 利润(万元)	—	—	—	—
投资收益 (万元)	−448.23	−100.00	−282.06	−1389.97
净利润(万元)	136874.30	85482.53	44160.13	84846.60

【每股指标】

财务指标 (单位)	2009-09-30	2008-12-31	2007-12-31	2006-12-31
审计意见	—	标准无保 留意见	标准无保 留意见	标准无保 留意见
每股收益(元)	0.1000	0.3600	0.2500	0.3800
每股收益 扣除(元)	0.0900	0.3800	0.2400	0.3800
每股净资 产(元)	2.7500	2.7500	2.5500	2.4600
每股资本 公积金(元)	1.2687	1.2687	1.2576	1.2687
每股未分配 利润(元)	0.7417	0.7399	0.4624	0.2573
每股经营活 动现金流量 (元)	0.1800	0.5981	0.3559	0.4055
每股现金 流量(元)	-0.4803	0.2350	-0.1877	1.0720

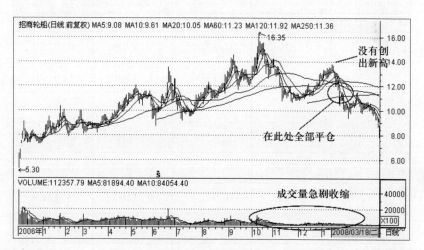

图29-1

表29-2
【历年简要财务指标】

财务指标(单位)	2009-09-30	2009-06-30	2009-03-31	2008-12-31
每股收益(元)	0.2400	0.1600	0.0700	0.2500
每股收益扣除(元)	0.2400	0.1600	0.0700	0.2500
每股净资产(元)	1.9500	1.8700	1.9100	1.8400
调整后每股净资产(元)	—	—	—	—
净资产收益率(%)	12.5200	8.6300	3.8100	13.5700
每股资本公积金(元)	0.3175	0.3201	0.3232	0.3285
每股未分配利润(元)	0.4259	0.3436	0.3850	0.3125
主营业务收入(万元)	16888100.00	10785600.00	5053300.00	22828800.00
主营业务利润(万元)	—	—	—	—
投资收益(万元)	2341100.00	1346400.00	326000.00	3443800.00
净利润(万元)	6205600.00	4100500.00	1850900.00	6353900.00

财务指标(单位)	2008-09-30	2008-06-30	2008-03-31	2007-12-31
每股收益(元)	0.2300	0.1700	0.0900	0.2200
每股收益扣除(元)	0.2300	0.1700	0.0900	0.2200
每股净资产(元)	1.7886	1.7100	1.7500	1.6700
调整后每股净资产(元)	—	—	—	—
净资产收益率(%)	13.0300	9.6500	4.8600	13.2400
每股资本公积金(元)	0.2895	0.2863	0.3010	0.3014
每股未分配利润(元)	0.3877	0.3203	0.3407	0.2569
主营业务收入(万元)	17739200.00	11907700.00	5503700.00	18066900.00
主营业务利润(万元)	—	—	—	—
投资收益(万元)	2811700.00	1779400.00	996700.00	957500.00
净利润(万元)	5920000.00	4203700.00	2162200.00	5622900.00

【每股指标】

财务指标 (单位)	2009-09-30	2008-12-31	2007-12-31	2006-12-31
审计意见	—	标准无保 留意见	标准无保 留意见	标准无保 留意见
每股收益(元)	0.2400	0.2500	0.2200	0.1700
每股收益 扣除(元)	0.2400	0.2500	0.2200	0.1600
每股净资 产(元)	1.9500	1.8400	1.6700	1.5300
每股资本 公积金(元)	0.3175	0.3285	0.3014	0.3016
每股未分配 利润(元)	0.4259	0.3125	0.2569	0.1571
每股经营活 动现金流量 (元)	-0.7647	1.6733	0.2024	0.1099
每股现金 流量(元)	-1.4268	1.5461	0.0354	0.4839

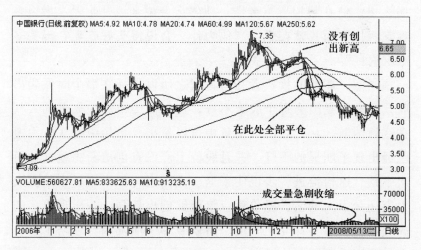

图29-2

气在消退，我只是通知你一下，你自己决定，但是我要卖出了。"

于是，我就开始逐步卖出招商轮船（601988）和中国银行（601872），待股价完全下穿250MA平均线时，我已将全部平仓了。

之后，便如我们所见到的，股价开始步步下跌，进入熊市。而我的那位朋友，依然如故地相信这不可能！他认为股价目前的下跌只属于一次幅度较大的回调，用不了多久，行情还会涨上来的，并说："最近这两家公司公布的年报显示，招商轮船（601872）的每股收益为0.36元，中国银行（601988）的每股收益为0.25元，它们的收益还在增长，你应该买回那些股票，否则你会后悔的。"股价越跌他就越固执，无论我怎么说趋势上的变化，他都会把脑袋摇得像拨浪鼓一样。

总之，我不断找股价能下跌的原因，他就不断找股价能够上涨的原因，我们谁都说服不了谁，就像一个爱吃米饭的人和一个爱吃馒头的人之间的争论。总之，我俩都在维护自己的立场，而否定对方的立场。我们都想不明白对方为什么会那么想。他在想："真奇怪，他怎么会说米饭好吃呢？米饭多难吃啊！"而我就在想："他为什么会说馒头好吃呢？馒头多难吃啊！"

当然，聪明的投机者知道，我之所以选择在那个时候卖出股票，并不是因为那个股票不好，而是因为市场中火爆的人气在逐渐消散，从低迷的成交量中可以看出，市场中的买入力道已经出现了明显的下降，并且股价上涨没有创出新高就开始再次下跌，这恰恰进一步说明了这一点。因为如果市场中的买入力道还是很大的话，股价就应该能够创出新高，并出现更多的成交量，而事实却完全相反。所以我那个朋友因为忽略了这一点，而遭受了巨大的损失。

到如今他又义愤填膺地说道："什么公司价值，什么公司业绩，全是骗人的，投机就要靠运气，你只不过是运气比我好而已。"他犯了和很多"假装价值投资"的投机者一样的毛病，在自己还没搞明白的时候盲目迷信，并因自己制器不精反遭其祸，到头来却又开始否定。

那么是不是公司的业绩没有用呢？

我的回答是：公司的业绩非常有用，但在趋势转变了的时候你必须先相信趋势！可能你会卖错了，但这可以让你在最危险的时刻逃过一劫，你可以少赚一点钱，但你不能赔钱。除非你打算"永久"持有这个股票。

换言之，长期持有的投机者，在熊末牛初选股票的时候，一定要重视公司的业绩情况，但在卖出股票的时候，却要多多留意趋势。即，在买入股票的时候必须业绩至上，但在卖出股票的时候必须趋势至上！不能搞反了。如果你企图通过分析公司的业绩和质地的变化寻找卖出股票的时机，很有可能当你发现找到了的时候，再想卖出已经为时已晚。正如我的另一位朋友所言："企图从业绩的变化中寻找到准确的卖出时机，就像是你在临死前才发现自己没穿裤子一样无奈。"

所以，擅于在矛盾之中寻找一个平衡点，正是智者的做法，试着在业绩和趋势之间寻求一种平衡，正是聪明的投机者经常考虑的事情。

第30堂课

Lecture 30

始终下最有意义的赌注和你负担得起的赌注，要做到这一点你就必须知道在哪里下注，并掂量好下多大的赌注。

不知道从什么时候开始，人们开始相信，股票交易是一项必须时时刻刻盯住价格变化的行业。你经常会听到有些投机者会说："别理我，你知不知道你打搅我一个小时，会损失多少钱吗？"言下之意就是：投机必须时刻、充分地把握每一个波动，市场中的每一个波动都能够赚到钱。

市场中的这种腔调，让不少人产生了错误的投机概念，他们误认为投机交易就是要不放过每一个波动，只要这样做就能够大发横财。

然而，事实证明，这正是大多数人溃败的重要原因，试图每一个波动都不放过的人，通常比我们想象当中的更容易玩完。因为市场中真正有交易价值的机会只有不到30%。如果你有疑问，你可以把你的行情走势图压缩起来，挨波行情数一数，看一看那些能赚钱的波动到底占多大的比重。

所以企图每一波行情都要参入，最终你所能收获的只能是失望。因为采用这种方法交易的人，通常一点赢的机会、一点赢的希望都没有。最可怕的努力就是一点机会都没有了，但他还在努力。

然而，与此相反的则是另一拨人，他们忽略市场形势，不分青红皂白地买进去，然后不理会市场的波动和变化，一意孤行地"长期"持有。但是，有信心没能力同样会亏损。所以有些人不禁要问："我们真的可以忽略市场形势永久持有吗？是不是我们的运气不够好？"

答案当然是否定的！

因为忽略市场形势，企图利用延长持有时间来弥补和掩盖自己技术上的不足，甚至把自己的亏损推脱给运气不佳，是不会如愿以偿的。因为投机交易必须要思考和有一定的耐心，以及一定的人格特质。有了充足的经验和交易技能，才能够做出有质量的思考，有了高质量的思考为基础，再浇灌以耐心的雨露，才会让交易的过程春意盎然，最终瓜熟蒂落。运气虽然可以放大或缩小你的交易绩效，但它们会随着你能力的增长逐步退去其原有的作用。因为运气本身只是一种随机的偶然因素，既不可预期，也不长久。然而，将交易成败的希望寄托于一种并不确定的事物上，忽略市场形势地死板持有，则是没有质量、没有思考的交易，这是与投机的思想相背离的，投机必须要求投机者在市场的极端波动中学会理性思考，并明确分清机会与风险，同时提出应对不同机会和风险的各种预案，未雨绸缪。

这意味着，你必须善于有取舍地选择交易的标的和选择恰当的买卖时机，去把握那些最有价值的交易标的和在正确的时机长时间持有正确的仓位。

初期的交易总是令人迷茫而恐惧的，如果你还没有摸着投机制胜的大门，那么从这一刻开始，你就应该睁大眼睛，扭转你的观念。千里之行始于足下，不要小看这一点点的进步，只有你的观念扭转了，改变了，你才能找对正确的方向。不要认为这很容易，事实上很多让谬论毒害久了的投机者都很难改变自己的观念，并且在思考问题的时候，很难摆脱先前那些旧观念的影响。

如果你已经入门了，并有了自己的一些成熟思想，那我要恭喜你，因为已有了自己成熟的想法，你已经向成功迈出了一大步，这是投机中的关键之举。虽然有时候并不一定正确，但正确的思想却来自于此。

新思想的形成必须依赖现实中的事实为基础，而不是凭空设想。换言之，它必须是眼睛能看到的，并且经得起长时间连续的、随机的考验、抽查。只有这样，你的理论基础才是可靠的，你的思想基石才会是坚实的、正确的。在这样的构架下思考出来的结果和所做出来的判断才会是可信的，才能让人胸有成竹地笃信。

我们先来探讨一下如何辨别市场中那些最有价值的交易标的和交易机会。

在技术分析中，有经验的投机者知道，企图利用技术分析来捕捉所有的机会，是不现实的，只有专注于那些市场中的大波动，才是劳有所获的交易。要抓住大波动，就必须知道，什么样的波动是大波动，什么样的走势形态有可能会形成大波动，以及你要抓住哪个大波动。换言之，你要为你所寻找的波动定性，确立一个标准。然后，依照这个标准来挑选目标。

比如，你要买好苹果，那么，什么样的苹果属于好苹果？比如你确定，直径要等于10厘米，形状要圆润，红色面积要均匀并达到60%，水分含量要达到55%的标准等。即，你有了一个好苹果的标准。

继续往下推理，我们就会考虑在什么样的土地上种植果树，会长出这样的苹果，或什么样的果树能够长出这样的苹果，或如何栽种才能够长出这样的苹果。这样，你就有了能够长出好苹果的方法标准和果园、果树标准了。之后，就去选择种植这种果树的果园。

在投机市场中，好的公司就相当于能够长出好苹果的果园，公司的业绩就是能长出这种苹果的果树。于是，你可以明白了，那些品种低劣、疏于管理的果园和果树，虽然也会长出苹果来，甚至还有达到标准的苹果，但他们的数量太少了，采摘率太低，远不如那些品种优良，并经过严格而科学的管理的果园中长出的苹果更符合标准，那些经过严格而科学的管理的果园中的苹果虽然也会有不达标的苹果，但不达标的苹果只是少数而已。

所以，为了找到那些好果园和好果树，你先要确定一个好公司的标准，它不是一个笼统的概念，而是一个具体的标准和方法（你完全可以参考本书中的第二十五堂课中的内容重新确定公司好坏的标准）。就是说，你的方法能够在实际中运用，你要照着标准去做，你的方法就是那些挑选苹果的工人手中的标准卡尺，你需要通过它来筛选好公司，决定哪个公司是好的，哪个公司不好。有了这个标准和方法之后，你再开始考虑趋势上的问题，因为趋势就像是这一年中的季节情况，它决定着你种植果树和采摘苹果的时机是不是合适的，如果你在冬天种植果树，很明显时令不符，你无法收获。所以找到了好果园、好果树之后，才是趋势上的时机法则。

换言之，你要找到那些能够"长出好苹果"的股票，然后在这些股票上通过技术分析来确定买入和卖出的时机。

所以，不要认为公司好股票就能涨，把握不好时机，好股票也会让你亏钱，时令不符，即使你种植了再好的果树，也不会长出果子来。所以，善于确定正确的交易时机是交易中的一个重要组成部分。但是这并不代表，我们能够一击即中，我们谁也不可能一击即中，一下子就能捏住机会的脖子。你可能偶尔会一击即中，但大多数情况下是做不到的。所以建仓的方法就很重要，这就是资金管理的问题。

当然，为了更好地理解资金管理，你可以把它看作给果树浇水和施肥的过程，多了不行，少了就不够，早了增加风险，晚了就会错过机会，你必须根据市场的行情变化，合理调动资金的数量，在正确的机会中下合适的赌注。

在上面我们已经知道了，最有价值的机会是那些大波动，也知道了我们需要掌握最好的交易时机就必须知道什么样的波动是大波动，大波动在什么时候出现，并为最佳的交易时机和这些大波动确定一个明确的标准。这样就提高了机会的质量，也增加了交易的胜算，降低了错误的概率。所以，聪明的投机者知道，通过研究价格的走势和波动，利用技术分析理论就完全可以做到这一点，让业绩的花朵在时机的枝叶上开放。

在技术分析中，大波动往往出现在行情上涨到长期均线之上，并经过回调之后，再次由长期均线附近上涨的第二波波动，也就是很多技术派投机者所言的主升浪。所以，要想通过技术分析交易那些大波动，就必须学会抓住主升浪。也就是行情从底部上涨之后，在长期均线的上方，经过一定时间的整理和回调之后的第二次上涨。

换言之，你要选择那些上穿长期均线之后的股票，因为这说明股价的走势已经处于上升趋势，至于用周线、日线还是月线关系不大，为什么呢？因为周线用50（60）MA平均线作为牛熊分界线（长期均线），而日线中通常用的是250（300）MA平均线，但是周线中的50MA平均线和日线中的250MA平均线的作用一致。因为一周5天，50周就是250天。而用60MA作为周线图中的牛熊分界线，与之相对应的则是日线图中的300MA平均线。它们之间是可以转换的。其他指标也是这个道理。

所以，当你知道了均线的转换方式以后，看日线和周线就没有什么不同了。因为它们都是一回事。所以，如果你习惯用日线图来查看行情的走势情况，只需要将日线设置为5、10、20、60、120、250（300）就可以了，因为你知道了当日线行情在250（300）MA平均线以上时，周线中的股价走势也会在50MA平均线以上，当价格下穿250MA平均线或价格受到250MA平均线压制时，周线中的价格也会下穿50MA平均线或受50（60）MA平均线压制。

当然，如果你想用周线图或月线图中的ＭＡ指标结合ＭＡＣＤ指标或ＫＤＪ指标进一步提高自己的胜算，也行。只要你搞懂了日线、周线和月线之间的换算方法，将ＭＡＣＤ指标的参数修改一下，让它们达到某种一致性，也是一样。

总之，当你明白了它们之间的相互转换关系之后，你想怎么样就怎么样，因为这时候的你已经对周线和日线、月线之间的关系滚瓜烂熟了，你已经不需要每天审视行情、时刻不离报价屏了。

但是有一点你要知道，在实际交易中，不要用上涨20%等标准来卡趋势，因为行情不会根据你的标准决定涨跌，它只会直接反映市场价格的走势，它不懂标准。即，你要擅于先通过长期（250或300）ＭＡ平均线确认长期的上涨趋势，之后才是寻找或确认买入的机会。这样顺势操作，你在技术分析上的胜算就会得到很大提高。再加上，你关注的是好公司的股票，抓的又是主升浪，所以一旦行情好转，必然会有较大的涨幅。这样你的回报率就会提高。

记住，知不知道那些时髦的术语与能不能获利没有关系，不要倾注过多的精力去背诵那些术语，等你真止了解投机的时候，那些东西不用刻意去学你也知道。关键是，你要知道什么样的果树能够长出好苹果，以及什么时候才是种植苹果和收获苹果的最好时机。

如题所言，始终下最有意义的赌注，并在下注的时候掂量好下注的数量，企图通过毫无目标胡乱下注和失去理性多下注赢大钱，只能让你吃尽苦头。所以赢家总是在思考如何在市场中下最有意义的赌注，如何在机会来临之时下最合理的赌注。而输家则总是一门心思想要多下注，赢大钱。然而，结果总是事与愿违。所以，在正确的时机下最合理的赌注就是赢家获胜的重要法则之一。

第31堂课

Lecture 31

在不恰当的时候贪婪就是犯罪，
但在熊末牛初的时候必须贪婪。

在寻求正途的道路上，你必须对某一问题先有自己的主意和看法，然后才能够在一大堆的意见中寻找那些步调和你相同的新的见解和方法。否则，意见越多你就会越迷惑。

大多数人之所以无法提出一些新的构思和想法，并对那些新的见解心存疑虑，主要原因就是他们的见识太少，对世界上的事物缺乏足够的了解。试想一下，一个闭门造车的人，如何能够想象得到别人的汽车会是个什么样子？换言之，一个对投机交易了解不深的人，很难分辨出哪些东西是投机获利的真理，哪些只是一些好听的谬论。

之前，我总是在想，为什么在投机市场不能贪婪？难道贪婪真的能够置人于死地吗？但是当大好机会到来之时，我们却还在小心翼翼地谨慎从事，这是不是有悖投机的真谛？

我带着这样的迷惑，在投机市场中彷徨了很长时间，就像当初对止损的疑惑。

终于有一天，我想通了，我发现人之所以处处小心，完全是因为对投机的了解不够，并因为担心市场风险而对大机会也显得心有余悸，甚至裹足不前，这导致我们明明处于有利的形势，却还在小心翼翼，换言之，我们在应大胆的时候反而胆怯了，在应该全力买进的时候反而留有太多的余地，最终我们在不利的位置开始大胆买进了，不但失去了自己的优势，反而还增加了风险。

随着对投机的了解越来越多，我发现，如果我能够在一个相对的低位全力以赴，在熊市的末期大举购进，我就必然获利丰厚，我那一点点的积蓄也可以很快打上几个滚。

我开始循着这条思路前进。

可能是因为贫穷练就了我的刚毅，忍受了多年的亏损，很多道理终于在好多年之后让我有了至深的体会，真明白了。而之前，因为对投机的真谛缺乏足够的了解，即使我能够明白那些举足轻重的投机真理，但因为缺乏体会和经验不足而理解肤浅、片面。当时对于熊市和牛市的概念也非常模糊，我甚至连趋势是什么都搞不懂，更别说寻找恰当的机会了。

换言之，那时候的我，就像一个初学打猎的猎手，只能在那里端着枪傻站着，既不知道方向，也不认识猎物，反而对什么都异常好奇，看到什么都想开上一枪。

那时候，我深刻地体会到自己是多么无知，并且我还发现无知的人有一个通病，那就是：无知时胆大，知道时心烦。对交易的各项规则和方法不甚了解的时候，总是倾向于冲动，并敢于不择时机大胆买进；但对于某些规则和方法有了一定的了解时，又不由自主地产生了莫名其妙的烦躁，我们会想："行情的走势真的会这样吗？如果不会呢？"换言之，我们会对自己的判断不够信服，我们热衷于做出符合自己期望的判断，而对相反的判断却保持怀疑的态度，并且我们也擅长将"白"的东西想方设法搞成"黑"的，我们会因为判断的结果与自己的期望不符而不断寻找各种理由来颠倒黑白。如果我们买入了股票，即便是股价已经步入了下跌的走势，我们中的大多数人依然不愿意相信这一事实，我们会在这个时候说："不能相信技术分析，这家公司的业绩和基本面根本就没有一丁点的不利变化。"

总而言之，在叩响投机之门的初期，我们喜欢揣测和无端怀疑。我们总是在亏损严重的时候说："现在卖出已经太晚了。在你绝望的时候再忍耐一下，可能就会有转机。"

我们脱口而出的都是人生的哲理和投机的精粹，但我们却始终被市场玩弄于股掌之中，赚赚赔赔就是那时候的主要基调。

然而，经过多次的失策之后，我们发现，规则是那么牢不可破，那些脱离规则之外的自作聪明的做法，可能会偶尔得逞，最终却总是让我们吃尽了苦头。因为我们缺乏对事物的掌控能力，搞不明白如何才能够将投机交易玩弄于股掌之中。换言之，这时候的市场比人大，而不是人比市场大。这个时候的投机者又如何能够不谨慎、不小心呢？

当我发现了这个问题的时候，我才知道，投机者最重要的一课就是掌握全面而正确的交易知识，并对交易中的细节了解得通透分明，并能够切身例行。只有这样，你才能够既有想法又能做到。之后，你才能够将自己的交易理念升格、定性为"逐利型交易"，即所有的交易行为都是以追求最大的利益为出发点。

但在初期的时候，你的交易理念必须是"保本型交易"，即所有的交易都是以保本为第一，盈利为其次。因为，初期的你就像是一个技术不过关的摩托车赛手，在比赛中，你的首要任务是确保安全，在确保安全的前提下跑完自己的比赛，一直到你的技术足够好的时候，你才可以为了冠军而比赛，和你的竞争对手一决高下。

所以，在你刚刚明白了一些投机的道理之后，先不要急着一筹壮志，你要耐心地磨炼自己的技能。你要知道，投机交易本身就是残酷的比赛，你的最大对手是市场，而不是讽刺你"小子，敢和我试试吗"的那个人。所以，在这个时候，请你务必认清自己的"地位"——目前还不是你上场比赛的时候。因为你的资质还不够，你目前的任务就是操练交易技能，而不是比赛。

为了抑制冲动，此时的你必须制定出属于自己的交易规则，并恪守交易纪律，因为在这个时候，必须有一些条条框框的规则约束你的行为。就像是你到了一家新工厂，你必须遵守他们的规章制度，而不是想怎么样就怎么样。所以，在你学会交易之前，你必须先学会如何循规蹈矩地执行规则，让自己变成一个具有自己的一定之规的的人。因为，规矩可以塑造人，可以把你变成一个有原则的理性的人。别小看了这一点，大多数投机者都是因为在投机市场中不遵循规则和没有原则地胡乱交易而亏损累累。如果你想让原先那个桀骜不逊的自己变成一个信守规则的金牌交易员，你就必须学会如何尊重规则，如何执行规则，一直到你将规则中的内容全部内化、融入自己下意识的行为中，形成一种自然而然的习惯时，你才算有了一个完美的结局。因为最佳的执行就是无意识的自然而然的乐意执行，而不是痛苦地克制自己的冲动迫使自己执行。

换言之，把恪守纪律和承受规则的约束当成最终目标和最高理想的交易员，是不可能有什么大作为的。因为规则只是正确行为的基础，一个将基础当成最高目标的人，怎么可能达到至高无上的境界？所以，他们必定会受规则和纪律的束缚，无法放开自我。就像一个赛车手把执行比赛的规则当成最终目标，怎么可能取胜呢？我从来就没有看到过赛车手在上了赛道还在考虑比赛规则。当然这并不代表他们不懂规则，不熟悉规则，而是规则早已进入到他们的潜意识之中了，他们不需要刻意思考规则，也知道在什么时候应该注意什么。他们根本就不需要在遇到问题的时候先有一个反应和思考的过程，他们在遇到问题的时候可以不需要考虑规则就能直接拿出有效的方法。当然，这种快速的反应，可不是仅靠着看看书本就能够掌握和学会的，硬功夫不是一天两日就可以练成的。

总之，如果能时刻留意那些天才的举动，你就可以从他们的身上学到很多东西，你会发现他们中的有些人看上去对什么事情都那么漫不经心，但他们的所有举动却总是能却紧扣原则、所有的思想都饱含逻辑，他们被规则塑造，最终又超越了规则。

事实上就是这样，很多人可能对规则过分崇拜，而导致了本末倒置，即规则本来的作用是约束人的不良行为，提高人的行为质量。但大多数人却被规则束缚了，从而不敢打破规则，导致他们始终都处于规则的圈圈之中，丧失了本应具有的创新能力和超越自我的能力。

所以我不得不说，投机者在历遍所有的交易规则和掌握了娴熟的交易技能之后，就必须思考如何更进一步提升自己的交易技能和交易目的，不能固步自封。我们必须在掌握了足够的交易技能之后，升华自己的交易理念，将目标定格为"逐利型交易"。换言之，当你拥有了比赛的资格时，你的任务就是：通过比赛，获得更好的成绩。

当然，不要曲解了我的意思，我并不是要你忘却风险、义无反顾地去与别人较量，而是告诉你，你应该从市场这只铁公鸡的身上拔下更多的鸡毛，而不是裹足不前地始终围绕着那些规则内的东西喋喋不休，并自以为是地认为这就是投机交易的尽头和制高点，并把一些雕虫小技当成投机制胜的大道。

总之，没有全面而深入地了解市场，了解更多高层次的交易方法，就无法给自己的交易技能做出准确的定位，也无法知道自己的交易技能所处的层次。介入这样模糊不清的交易构架中，很难让投机者产生超然的自信。

然而，在实际交易当中，你也不必为了让自己一步登天，而制定过于苛刻的规则，制定的规则太苛刻，就会难以执行，即使能够严格执行，也必定不能长久。过分地苛求自己和他人达到自己所期望的绝对标准，只能让事情走向反面。正确的方法应该是采取一种既不太严厉，又不太放松的中和的方法，即你所制定的规则，必须既要确保安全，又要有效率。因为太安全了，就必然会失去效率；太有效率了，就必然会放大风险。所以，你必须在这两者之间寻求一种平衡。

如何寻求这种平衡？

我的回答是：你需要先明理，就是先搞明白那些可行的真理，不要认为知道了就可以了，知道了并不代表你能够笃信不移地做到。因为投机市场的很多真理大家都懂，但都做不到。原因就是你只是知理而不是明理。我们都不敢到陡峭的悬崖边上喝杯咖啡，原因就是代价巨大，一旦失足就有可能性命不保。我们能够深刻地体会到。所以那时候即便是有人想推着我们过去，都做不到。因为我们有自我保护的意识，这一意识是根深蒂固的，因为我们明理，知道后果。

换句话说，投机者只有清楚地体会到执行规则的好处和漠视规则的代价，才能够像畏惧悬崖峭壁一样畏惧那些违背规则的错误行为。因为你很清楚地知道，如果你在火爆的牛市买进，在亏损的时候不及时止损，那么只要熊市到来，你就会变成穷光蛋；如果不能够在有利的时候持续自己的优势，你永远也不可能由穷变富；如果你忽视公司的业绩和质地，你就永远和那些有可能狂飙的股票断绝了来往；如果你在应该卖出的时候还在犹豫不决，你所有的奋斗结果很可能就会化为乌有，白干一场。即：知道了为什么要执行规则，也知道了不执行规则的严重后果，只有这样，你才会乐于执行，这时候的执行也就容易多了，你也不会被别人的不同看法左右了。因为那时候你心里已经有底了，别人的看法再多，但不适合你的操作规则和要求，你也会对他们的这些看法无动于衷，自然就不会被骚扰了，而不用刻意地逃避。你清楚地知道你的方法所需要的条件和需要遵循的事项，你就会不由自主地主动呵护自己的规则，正确有效地执行了。

然而，投机市场是个谬论横行的地方，特别是初期，当你刚刚止损出局的时候，行情开始斗转至上，于是你开始倾向于迷惑，并不由自主地对止损这一规则产生了怀疑，连续错误地止损两次，你就会倾向于放弃规则的蛮干，再也不相信止损能够保住你的资金安全这一规则了。同样，你明明选择了业绩优良的股票，却因为进入的时机不对而亏了钱，或因为一个绩差股的涨幅超过了你所选择的那个绩优股，让你心生疑窦，你会感觉现实似乎不是那么回事，此时如果再有人在市场中煽风点火地说："中国的市场不适合价值投资，在中国股市中，股票的价值和业绩是没有用的，所以在中国的市场中只能够做短线投机，长线投机只不过是一场闹剧。"于是，你会很有体会地感觉这番话很有道理，因为你明明在按照规则做，却不见成效，规则时而对，时而错，根本就不是那些"道上人"说的那样。于是你开始彻底怀疑规则，放弃规则，最终沦为一个被谬论和特例击败的人。谬论往往来自于特例，而这正是你开始误信谬论放弃规则的先兆。

同样，在你准备出局的时候，市场中的很多专业人士会说："目前的行情百年一遇，如果你卖掉了手中的股票，你一定会后悔的。"这让你难下卖出的决心。在你想要持续你的优势加码买进的时候，你会听到市场中的那些专业人士说："现在买进有些太晚了，因为行情很可能马上就要下跌了。"这让你无所适从。

如果你有耐心的话，你会发现市场中的专业人士总是在做着与市场行为相反的事，市场明明处于底位可购买区域，可是很多人都会说："市场人气并不旺盛，公司的基本面也并不是太好，大家应该及时止损或逢高减仓。"很明显他们的态度是悲观的。相反，到了火爆的牛市末期，他们的口吻又变了，他们会说："公司的业绩还在增长，公司的基本面也没有不利的变化，我们应该坚定地持有。"

简而言之，他们在熊末牛初该大胆的时候却在谨慎，在牛末熊初该谨慎的时候开始大胆。即，在该贪婪的时候，他们在恐惧；在该恐惧的时候，他们开始贪婪。他们完全在做反事。但当他们亏损出局的时候，他们又会说："在投机市场一定要谨慎小心，千万不能贪婪！"而这一句话彻底让他们失去了获取厚利的机会。因为，在投机市场获取厚利的重要原则就是：

在熊末牛初的时候要贪婪，选择那些低价绩优股全力以赴地买入，然后耐心地等待着牛市的必然到来。当市场中的人气渐倾火爆的时候，就安心持有股票，因为这些人会帮你推高股价。当市场进入旺盛期的时候，就可以先卖出一部分了，因为这个时候市场中的波动较大，风险也相对加大了；在风险逐渐加大的时候，顺应市场的形势，逐渐卖出一定的仓位削弱风险的影响，就是投机者必须掌握的一项交易技能。当市场人气鼎沸，人们争先恐后进入投机市场时，就要开始大批脱手，不再买入股票了，即使行情还在上涨，也不要为之所动再次买入，因为这个时候风险随时都有可能到来。此时如果贪婪，那就是犯罪了。所以，我始终认为，贪婪本身是没有错的，但如果你无知而贪婪或在该恐惧的时候贪婪，那你可能就会因此而付出代价。

记住，即便是对股市一窍不通的"生瓜蛋"也有赚钱的时候，并且这样的事情经常发生。如果不明白市场的真相，你就会在这种结果的鼓动下忘却规则、不断的贸然行动，只要你赚上几千元，贪婪最终会导致你赔光所有的钱，包括你原先投入的本金。

另外，你还要知道，在投机市场中知识是落后的，因为知识来自于市场，知识只是"市场变化的记录"，在你掌握了足够的知识之后，固步自封，你就有可能会丧失良机，甚至做出错误的判断。因为市场发展的初期人们往往会依赖理论知识的推进来发展这个市场，但市场发展到一定的时候，就会发生变异。所以投机的知识也必须及时更新，甚至要超前思考。缺乏创新思维和始终围绕规则打转的投机者，将有可能被市场抛弃，重新沦为未来新市场的小学生。

所以，要有专注的禀性，才能真正专注，一个人首先要有时时细心的禀性，才能深入其里事事细心，留意细节，这种禀性可以影响他事事都这样。也只有这样的人，才能够具备超凡的洞察力，及时发现市场变异的信号，找到那些新知识。

第32堂课

Lecture 32

要选出下月、下周甚至是明天就能上涨的股票是不靠谱的。

在现实中，我们会看到很多人连最基本的机械原理都没有掌握，却企图研究永动机，这就是当前"民科"的现状。把这句话用在投机市场中依然有效，在投机市场中，我们通常会看到，很多投机者连最基本的交易技能和交易常识都还没有掌握，就在自以为是地建立一些"交易秘笈"，并极力将自己的那些旁门左道抬高到理论的高度。换言之，这些人的能力没有多少，却总想着把自己那点雕虫小技吹嘘成至高无上的经典理论。

文化不多，想法却不少，这就是当前投机市场中的"民科"通病。

我还真没看到，那些初入投机市场的人所研究出来的交易秘笈，哪一点符合投机交易的基本标准，说实话，他们中的大多数人的设计和研究完全属于闭门造车，根本就不具备市场战略性和交易的实用性。他们那些所谓的创新，只不过是在前人早已圈定的圈子里转悠，甚至有很多交易理论和交易方法让人啼笑皆非，但自己不知道。原因就是他们看书太少，知识有限，总喜欢没有任何理论基础的自以为是的思考。

对于那些聪明的投机者来说，初期的无知是进步的开始，他们通常会因为知道自己的无知，而愿意花费大量的时间来补充自己的不足、充实自己的思想。他们知道，只有熟知完整而全面的交易知识和交易技能之后，才能够提出更好的想法。因为只有自己对交易的整个过程都了解了、掌握了，才能够在不断的实践中发现不足，弥补不足，并提出自己全新的构想。但现实中的大多数人急功近利，连最基本的交易知识还没有掌握，就敢于根据自己那些自以为是的想法，一头扎进市场中。所以我们通常都会看到这样一个现实，那就是当这些撞了南墙的人回头之时，他们会责怪市场，而不是修正自我。

一个人的思想意识决定着一个人的行为取向。一个急功近利的人是无法冷静看待眼前的现实的，即使他们想要学习，他们所学的知识也是一些急功近利的知识。一个正直的人会信守正道，一个奸诈的人会信守歪道。所以有时候，你所学的是投机正途还是歪门邪道，很大一部分取决于你的本心，即你天生的"心念"。心念就是决定你的行为取向和人生抉择的根本。一个天性善良的人，你要他信佛行善是很容易的。一个天生喜欢艺术的人，你让他学习艺术也是很容易的。相反，一个天生就心怀邪念的人，你想要他信佛行善走上正道，是很难的。所以，我始终认为，人之初，既有性本善的，也有性本恶的，还有善恶中衡的，我们不能用一种类型来概括所有的现实。

所以，那些天生就爱投机取巧的人，通常会对那些宣扬快速暴富的秘诀趋之若鹜，这其中一部分取决于他们的无知，一部分取决于他们天生爱取巧的特性。所以无知而又急功近利就会让人倾向于投机取巧，而这种投机取巧的天性会让人们忽视学习，一味寻求捷径。所以那些对市场知识了解不多并且善于投机取巧的人，往往会受到欲望的驱使，去寻找一些根本就不存在的东西。

然而除了规律之外，再也没有可靠的东西存在了。

规律是什么？规律的作用是什么？它是如何存在的？

规律实际上就是一件已经存在的事物，一件不会轻易改变的事物。换言之，规律就是一种必然性，一种必然发生的事物。它的作用就是揭示所有事物的兴衰变化，并因为变化而存在。

在投机市场中，规律就是涨久必跌，跌久必涨；在经济市场中，规律就是盛久必衰，衰久必盛，这就是规律的本质。

可是，现实中却有大量的伪规律存在，并且各种名目繁杂的"理论"大行其道，他们真的能够通过某种规律，选到特殊股票吗？

现实告诉我们，他们不可能做到，因为要挑选出一个在自己预期的时间内上涨的股票是不现实的，并且也是没有把握的。说得严格一点，这种行为与寻找股价的高低点一样，是不靠谱的。

而其中最荒谬的做法就是市场的"追涨杀跌理论"，很多投机者自认为能够看得准接下来哪一个股票会上涨，甚至哪一个股票会涨停。有时候，他们的确会连连得逞，最终却不断失败。原因就是，他们所发现的不是规律，而是"别人"不小心时留下的一些蛛丝马迹而已。所以当"别人"一旦警觉，擦掉那些蛛丝马迹之后，他们的方法就不灵了。所以这些做法根本就不是方法，更不是规律。因为规律是不能够人为改变的，你可以改变他的过程，但你不能改变它的结果。

投机市场中最有价值的规律就是价值增长规律和牛熊趋势规律，价值增长规律告诉我们，在熊末牛初买入那些被市场严重低估的绩优股，会在牛市到来之时赚到大钱。而牛熊趋势规律则告诉我们，市场趋势一旦形成，就会一直持续下去，牛市到来之时，就是上涨趋势延续的时候；熊市到来之时，就是下跌趋势延续的时候。所以聪明的投机者知道，在熊市末期人人悲观的时候，开始大量囤积低价绩优股；在牛市末期，人人情绪高涨的时候，开始大批卖掉手中的股票，这就是投机的最高宗旨。

然而，我们现实中的很多投机者，却在做着与此规律完全相反的事情，他们不是在痴心妄想预测股市的高点和低点，就是醉心于研究如何捕捉到明日和下周、下月就能够上涨的股票，他们深信自己有能力捕捉到下一波行情最看好的股票。

但是，最终他们不得不屈服于现实，因为现实一再告诉我们，我们只是一些凡人，凡人没有能力准确抓住下一波行情中涨势最好的股票，也无法知道明日、下周和下月就能够上涨的股票。换言之，要准确抓住每一波行情中上涨幅度最大的股票和准确的预测下一轮行情中哪一种类型的股票会上涨，是一种费力不讨好的行为，因为这完全是不可知的事物，专注于此类事物的人，完全是因为对投机的状况不太了解，逻辑错乱，而形成的一种观念上的错误。

那么我们不研究那些，应该研究什么？

我的回答是，应该研究趋势和市场环境，以及公司的业绩情况。因为这些都是决定市场未来走向的重要因素。换句话说，你要研究市场趋势的根本要素、研究市场趋势的隶属因素，而不是没日没夜地研究波动本身，因为市场中那些每日起伏的波动是随机的，根本就没有长久而准确的规律可循，把钱投入到这些毫无把握的事情上，与赌徒在赌桌上赌大小没有什么本质区别。

我们可能也会看到一些能够根据股价的波动，通过短线交易最终赚到大钱的人，但这种交易方式却并不适合大多数人，做这种交易需要一定的先天条件，就像那些杂技演员一样，需要有一定的天份，而这其中最重要的一项就是：你要对行情的走势有感觉，并要有很强的反应能力；即，这种交易只适宜一些"特殊"人才，而不适合大多数人。

所以，将精力用在那些大多数人都能够看懂的方面，将有助于你轻轻松松摆脱困境。聪明的投机者通常都会将自己的精力用在那些可知的方面，他们知道在投机市场中生存，最重要的是应该先明理，知道什么是可行的，什么是不可行的，只有这样才能够找到取胜的道理，然后总结成可以复制的成功经验。之后就是按照这个经验去复制其中的过程。就像是一个不会游泳的人，必须先知道什么样的池塘能游泳，什么样的池塘不能游泳，只有这样才可以避开风险，趋利避害。

所以投机者必须清楚，问一些不可知的问题，去揣摩一些不可知的事物，即便是能够得出自己的见解，也只不过是一种猜测。事实证明，即使最高明的猜测者，他的准确率也不会超过50%，如果想要买卖都猜准的话，那准确率就只有25%了，用这样低的概率进行交易，结果是可想而知的。

一个太过于计较别人细节的人，通常会让人感到刻薄无情；同样，一个人总是把精力用在一些不可知的事情上，也会让人感到迂腐。这个世界上无知是可悲的，更可悲的是对自己的无知毫无察觉。

记住，物以类聚，人以群分，高手与高手结交，低手与低手结伴。然而，高手通常只是很少的一部分，所以高手也就越来越孤单。大家都喜欢高手，却无法按照他们的方法执行。当你的水平达到一定的程度时，当你的思想有了一定的境界时，你会发现身边的人都不了解你了，他们也跟你有了距离，他们的想法也会与你的完全相悖，你也只能孤孤单单地笑看风云变幻了。所以学会了解市场的本质和了解市场中的人性，有助于你在某些特殊的时候"以一敌万"。

所以分清什么是可行的，什么是不可行的，什么是可知的，什么是不可知的，你的思维逻辑才能不再混乱，你的思想概念才能清晰可辨，并且能够清楚明白地知道什么是对的，什么是错的，你也就不会误听误信了，谬论和真理在你的心里就像是黑颜色和白颜色一样清楚可辨。

第33堂课

Lecture 33

尝试通过挑选一些热门股票和特殊股票来跑赢大盘，是白费力气。

大多数人都期望自己选择的股票能够跑赢大盘，然而事实证明，我们买入的股票有时候能跑赢大盘，有时候跑不赢大盘，而那些不断买进卖出的短线投机者则是最没有希望跑赢大盘的群体。

因为在现实的投机市场中，当一轮牛市到来之时，只有那么 小部分绩优股能够真止且持久地跑赢大盘，通常大多数股票都不可能持久跑赢大盘，它们通常都是在这一段时间里跑赢大盘，而在另一段时间里弱于大盘。换句话说，对于那些短线交易者来说，即便是你能够在某一段时间里找到跑赢大盘的品种，也会在另一段时间里输给大盘。

不知从什么时候开始，市场中的一部分投机者深信，短线交易就是要善于找到那些在下一波行情中能够跑赢大盘的股票，并以此作为评价投机水平的高低标准，并且我们也看到了一部分人的确在某一段时间里做到了，并且通过评比名单，我们看到了一个又一个基金经理短期跑赢了大盘。然而，让人们不解的是，他们的名字就想变魔术一样，变化频繁，让人眼花缭乱，他们虽然都说自己的目标就是超越大盘，并已经掌握了跑赢大盘的本事，然而，事实上，我们并没有看到他们能够长时间、连续给我们耍上那么几下子。他们通常都是一个跳跃之后，就倒地不起。

回想一下你能够想起来的跑赢大盘的人有几个？问一问你自己，看一看你能够想起谁来？如果你的脑子里空空如也，这就足以说明问题了。

因为这种结果告诉你，那些尝试不断跑赢大盘的短线投机者，最终的结果就像喜欢预测行情的高点和低点一样，时而准，时而不准，但大多数情况之下，他们的结果都是渐渐趋于平淡，最终销声匿迹了。

所以，世界上最愚蠢的人总是不断尝试去做那些没有结果的事情，而聪明的人则将所有的精力都用在那些有价值的事情上。

很多人喜欢追逐买入市场热门股和市场中最流行的股票，因为它们当时的走势是超越大盘的，所以最适合追涨杀跌。甚至有人总是热衷于尝试用这种方法寻找一些特殊的股票，他们的意思是："我们选出来的股票，不应该在大盘下跌的时候下跌。"言外之意，他们想要找到那些大盘下跌时还能上涨的股票。

然而，我们不得不说，具有这种想法的投机者可能还没有搞明白选股的本质。因为他们的选股意识就是选择出特殊的股票，他们要求自己选出的这些股票不能够在大盘下跌时下跌，只有大盘下跌时它还能上涨才算是选对了股票，并且他们致力于找到这些股票。

我之所以不给任何人提供股票信息，除了我不喜欢每天回答问题之外，这一点也是我知难而退的重要原因。因为我知道我根本就做不到这一点。我选出来的股票在大盘下跌的时候也会下跌。即便是我能够根据狼巡大盘叠加指标选出那些领先大盘上涨的绩优股，那是因为那些股票先于大盘进入牛市，属于强势股票，他们可以长期领先于大盘上涨且超越大盘，但那些股票中的大多数依然会在大盘下跌的时候下跌，这个我控制不了，它们与其他股票唯一不同的是：它们不会因为大盘的下跌而改变了原有的趋势。因为股票每日的波动向来就不走"投机者的意愿路线"。它只知道固执地表现市场的供求力量，当市场买方人气旺盛的时候股价就会上涨，当市场中的卖方人气旺盛的时候，股价就会下跌。我选择股票的初衷只在于长期来说，这个股票是领先大盘进入上升趋势，它很有可能是一个强势股，但我却不能保证大盘下跌时它不会下跌，或大盘下跌时它会上涨。因为事实证明，很多时候大盘下跌的时候它们也会下跌，只不过它们的跌幅偶尔会小于大盘。换言之，它们之所以能够领先大盘成为强势股，是因为他们在大盘下跌的时候，跌幅小于大盘，在大盘上涨的时候，它们的涨幅会偶尔大于大盘，因此它们走出了比大盘更加强劲的长期趋势。

事实可以让人改变看法，在最初选股的阶段，我的想法也是如此，我认为只要那些股价的走势符合各项指标中的买入要求，它就应该上涨，并不能下跌。但在我买进之后，我才发现行情的走势似乎总是与我的预期相背离，指标中明明出现了上涨信号，但大盘下跌的时候，我选择的股票依然会下跌。买入信号再漂亮，在这个时候也不管用。多次之后，我才发现，原来那些买入信号根本就不会决定股价近日的行情是否会上涨，它只能告诉我们目前的股价走势正在发生变化，后市有可能会出现持续的上涨，我们应该把握这个机会。但是现实当中，我们经常遇到的问题是：我们买入之后行情下跌了，这个信号失灵了。换句话说，这些信号就像是森林中的兔子，我们能打到一些，但也有很多我们打不到。然而，我们必须知道这些信号就是兔子，如果没有这些信号，我们进入森林中就会没有目标，仅靠漫无目的的胡乱开枪，用不了多久必定会弹尽粮绝。所以在选股的阶段，我总是有这样一种感觉：还没等我端起枪，那些兔子就跑了，我不得不沮丧地放下枪另寻目标。我甚至有些埋怨："这都是些什么乱七八糟的，明明出现了信号，但是股价还是下跌了，是不是其中有鬼？"

到后来，我又开始不断尝试，尝试寻找这其中的原因——为什么我的信号会失灵？为什么它明明出现了上涨信号，却逃脱不了大盘的干扰？为什么在大盘上涨的时候，有的股票会上涨，有些股票会下跌？为什么再差的行市也有上涨的股票？

后来这些疑问都一一被揭开了……

想知道为什么信号会失灵，我们就必须认识到，我们所谓的技术信号，只不过是众多行情走势中的一种，只不过它们更明显、更清晰可辨罢了。因为不管有没有这些信号出现，当大盘上涨的时候，它们中的大部分都会上涨，包括那些昨天还是大阴线、显示出下跌信号的股票。同样，当大盘下跌的时候，它们中的大部分都会下跌，包括那些昨天还是大阳线、显示出上涨信号的股票。

为什么会这样呢？

这是因为，在大盘上涨的时候，会有一部分前期上涨幅度过大的股票会因为超买，而遭到短线投机者的抛售，而这种抛售往往会引发市场中的跟风效应，带来市场恐慌性抛盘，导致"应该上涨"的股票也出现下跌，致使大多数股票下跌。相反，当大盘经过一定的回调之后，那些短期超卖的股票，就会因为卖盘的萎缩而萌生出新的买盘，这种买盘也会激发市场人气，让那些本来只是看看的人也开始忘却自己的初衷冲动地买入，致使大多数股票上涨。

所以，想要在一片联动的市场中找到那些一枝独秀不受大盘影响的股票，是不现实的。因为我从来没有看到过一家生意红火的商场会让某一种商品滞销。唯一不同的就是它们涨多涨少的问题。

那么为什么在大盘上涨的时候，有的股票会上涨，有些股票会下跌？为什么再差的行市也有上涨的股票？

我的答案是，即便所有的股票都步入上涨趋势之中，它们也不是统一步调地一起上涨，在某一段时间里家电股在不断上涨，而在另一段时间里煤炭股在不断上涨，只有在个别的特殊情况下，股价的涨势才有可能一致，比如政府颁布了某一重要的利好和利空的政策，致使所有的股票全体涨停或跌停。除此之外的所有时间里，整个市场中的股票都会呈现出让人眼花缭乱的板块轮动、涨跌交替的接力模式，并且这种轮动性的接力模式永远都是投机市场的主要基调。

所以，想要通过追逐流行股和热门股，抓住那些特殊的短线股票，来达到跑赢大盘的做法是行不通的。因为，大盘上涨的时候，大多数股票都会上涨；大盘下跌的时候，大多数股票都会下跌；甚至，当行市不佳的时候，即使大盘上涨，大多数股票也会是下跌的。赚了指数不赚钱的例子同样比比皆是。

然而，不知为什么，我们却总是能在各种媒体上看到很多投机者和知名人士，喜欢并热衷于"预测"下一轮行情中哪一个板块会崛起，或哪一类股票会上涨，但是现实中，他们大多数情况之下都是错误的。因为如果认真研究市场，你会发现，那些他们没有指明的板块和股票也在上涨，他们时而正确，时而错误，就像掷铜板一样毫无规律可言。

为什么我们会猜不准呢？我们做了那么多研究，研究产业景气度，研究利率、汇率的变化，并有那么多的参考资料作基础，难道这些一点作用没有吗？

当然不是，然而，你必须知道，了解这些只是一项必然的工作，它就像你练习拳击时的对打沙包，是增强你功力的必修课，但不能决定对方出哪只手。即便你经过严格的训练，能够通过某种征兆大致知道对方出哪一只手，这种方法在实际对抗中的作用也是微不足道的，因为到了真正的赛场中，拳击手们注重的是变化和应对变化。

换言之，研究行业景气度和汇率变化以及公司业绩和财务报表等，只能够提高你选择股票的胜算，它们只是一种市场表象，是市场形成和运作的基础，并不能够准确无误地预测出最近的行情走势和下一轮行情中会上涨的股票和板块。因为这些都是由市场中的"总体意愿"决定的。你可能看好了某一个行业的前景，并认为这个行业的未来很值得期待，并且事实上这个行业的前景真的变好了，但是市场中的大多数人可没有你这么聪明能干，你要知道，即便你的看法是正确的，但市场中的大多数人不买你的账，你的看法也就无法产生成效，即使你把最好的意见告诉他们，他们也会因为无知而毁了这个意见。

更重要的是，哪怕是相同的证据和材料，不同的人也会得出截然相反的看法，这正是矛盾的起源，有了这种矛盾的存在，你的正确就会被别人的错误所抵消，行情下跌的时候，并不说明股市就此反转了，可能你认为这个股票已经被市场严重高估了，可是其他人可不这么认为。这就是股票高估之后还会继续高估，低估之后还会继续低估的原因。

所以，无论你的意见是什么，无论你对经济的预期论据多么充足，你都无法决定别人的行为，无法决定市场的行为。大多数情况下，你的正确意见会被市场中的各种声音所稀释，最后让你自己都不以为然了。

所以，聪明的投机者知道，无论市场中出现了多么可靠的上涨信号，我们都不能想当然认为它应该上涨或必然上涨。相反，我们应该一颗红心两手准备，在最有把握的时候也应该多留一个心眼儿。你要想到并防范好市场中有可能出现的最糟糕的事情，让意外发生在自己的意料之内，而不是意料之外。即，我们既要坚定自己的立场，又要实事求是地采取某些措施，将确凿的事实应对好。

所以，企图通过某种指标信号，准确找到一个特殊的股票，然后据此买入，毫不操心地收获利润，这样的事情的确听起来会人心旷神怡，但我们根本就做不到。

因为，如果真的存在这种方法，让某一个人有了这样的本事，想一想世界会是个什么样子？不但我们不知道，即便是最成功的投机人士，也承认自己没有那个本事。因为如果真的有人有这样的本事，那企业家也就不必这样费心劳神地死守着一个行业苦苦经营了。

通过克莱斯勒公司在经济大萧条的时候申请破产保护这件事情，我开始怀疑经营这些公司的管理者，他们的经营是否总是在随着经济的兴衰而起伏，那些企业是不是真的赚到了钱？还是在经济向好的时候赚到钱，然后在经济萧条的时候又赔了出去？我甚至怀疑如果经济和社会不是长久持续地在向前发展，经济的旺盛期和萧条期都是一样的，那些企业家所管理的企业是不是也是零和游戏。

所以，我始终认为，投机交易和企业管理一样，都是在利用社会（市场）不断向前发展的必然规律盈利，而不是利用市场中的特殊情况盈利。选股就是利用这种长期发展的必然性，给人们带来的未来预期。所以，当投机者明白了选股的初衷，理解了选股的正确含义的时候，你也就知道了选股的目的无非就是在风险最低的前提下尽量提高盈利幅度，而不是要与大盘或者是与你的朋友较量。在你的技能达到一定高度的时候，你可以为了"利益而战"，并不断自我完善和自我提高，然而你却不应该去追求一些并不存在的东西。

换言之，投机者选股应该重视社会发展和市场经济的未来预期，并正确理解未来的发展会给市场带来什么样的机遇，以此来圈定一些行业和股票，并严格审视这些股票的业绩和质地，最终确定正确的买入机会，在那些最有把握的机会上下重注。

所以，只聪明却没有文化和经验的话，你的聪明就会失去归宿，考虑问题就会倾向于自我的理念，你会以自己的感受而不是现实来确定事情的属性。所以理念不正确，方向就会错乱，方向一旦错乱，就有可能选错方向，一旦选错方向，就有可能误入歧途，最终难以自拔。

记住，专业的交易技术、精密的分析能力以及不失传统的常识判断，会让你的决策恰到好处。

选股票就是这样，首先要有一个向好的预期，然后据此选出你最有把握盈利的目标，而不是企图去追逐一些特殊风格的股票。如果你以能不能找到在大盘下跌时还能够上涨的股票作为评价投机能力的高低标准和对错标准，那你永远也不可能选到正确的股票。猎豹在捕猎的时候，并不是将"这头羚羊是不是最强壮的和最肥美"这个条件放在首位，而是把"这头羚羊我有没有把握捕获"作为首要条件考量。

第34堂课

Lecture 34

准确预测市场周期的转折点到底有多难。

大众普遍看跌时，说明他们手里没有股票；大众普遍看涨时，说明他们手里有大量的股票。换句话说，是大众的行为在影响着股价的变化，而不是因为股价走势图形的变化才导致了大众的行为。所以投机者在研究投机的时候，必须搞清楚本质问题和表面问题。

如果说，业绩的作用是让那些金融大鳄产生向好的预期，那么大众的行为就是海上的风浪，而股价的走势图就是风向的变化。研究股价走势图，就像是气象家研究卫星云图来探求风向和气温的变化。

所以我们必须搞清楚，哪些行为是由质到量的转变，哪些行为是由量到质的转变。

我们先来谈一下市场中由质到量的转变。

在上面我们已经知道了，业绩影响价值，价值影响预期，预期产生供求，供求反过来又通过高估和低估等方式否定了价值。换言之，供求关系的大小决定着股票价格的高低，所以我们通常会见到大多数股票在大部分时间里不是高于价值，就是低于价值。事实上，那些业绩斐然的绩优股会因为每股收益提前增长，带来持续增长的预期，致使这些股票领先于大盘上涨，而落后于大盘的情况非常少见。所以，业绩优秀的绩优股自然能够吸引大量的市场买家，这就是由股票的本质——价值决定的。

我们再来谈一下市场中由量到质的转变。

如果我们说，股票的上涨是因为业绩的提前增长，带来持续增长的预期，让那些市场大鳄产生了买入的想法，并最终将这种想法落于实处，导致了行情的上涨。那么后期的下跌也自然是因为他们对某一股票的预期产生了截然相反的看法，所以他们才会卖出手中的股票。

然而，事实上，我们总是看到，市场火爆的后期，正是那些莽撞的大众进入的时候，这似乎是在否定我们的看法，看起来，市场火爆的后期，完全是因为大量的投机者在不断买入，导致了股价的不断虚高，产生了价值泡沫，直到最终泡沫破裂，股价出现了大幅的下跌。

但是，这种说法并没有揭示股价下跌的主要原因和股价崩溃的本质问题。

股价虚高就能下跌吗？很明显，美国自格林斯潘上台之后，股价虚高了好多年，并没有很快大幅下跌。

由此我们可以做出这样一个结论，在投机市场中，只要需求不消失，股价就不会下跌，这与一家工厂生产出一种非常畅销的产品一样，只要需求在增长，这家工厂就不会倒闭。与此同理，股票市场也是一样，只要买入股票的人在不断地涌向股市，股票就不会下跌。这与格林斯潘所宣布的"不抑制股市繁荣"的道理是一样的，"不抑制股市繁荣"自然让很多美国人产生了股市持续向好的预期，预示很多美国人和世界各国的金融人士不断地涌入美国股市，美国股市的需求在不断地增加，引发了一轮前所未有的大繁荣。

然而，我们必须知道，世界上没有不下跌的股市，当需求消失了的时候，股价自然就会下跌，所以我们必须先搞明白股票市场的需求原理。

像我们一开始说的那样，大众普遍看跌时，说明他们手里没有股票；大众普遍看涨时，说明他们手里有大量的股票。

当股市经过长时间的熊市低迷之后，那些金融大鳄们会对那些业绩先行增长的股票产生持续增长的预期，于是他们开始大量买入这些价值被低估的绩优股。市场在他们的购买下开始逐步回升。随着市场的不断上涨，更多的人加入到买入股票的大军之中。股市进一步上涨。当大量的投机人士都赚到了很多钱的时候，赚钱效应开始显现，那些不太懂股票的人也开始对股票感兴趣。人们开始相信，股票市场会带来源源不断的财富。当这些人也尝到一定的甜头时，更多的人会受到身边不断出现的赚钱消息的感染，促使他们愿意到投机市场中碰碰运气。这其中包括那些平时厌恶风险的保守型人士和一些社会最边缘的人士。在平时，这些边缘人士手中的钱通常是不会轻易拿出来买股票的，因为这些钱都是他们辛苦钱，是他们的一切。

就这样，股价随着不断加入的投机者持续上涨。而与此同时，那些身经百战的大鳄们却发现，股票的价格虚高很多了，社会上的大部分钱都已经参与到股市中了，大量的钱都已经变成了股票。这直接导致了银行的资金吃紧，大多数银行不得不提高利率和存款准备金率来回笼资金。他们对股票后市的预期不那么乐观了，大多数公司的价值预期已经在股市不断的上涨中兑现了。目前的股票价格已经远超于其目前的业绩所能支撑的价格了，即使业绩持续增加也无法支撑目前的股票价格。更重要的是，公司的业绩增长是有限度的，不可能过分增长。

于是，他们开始考虑将手中的股票卖给那些急需股票的后来者，把收回来的现金重新存进银行。

市场中的主力大户们已经没有股票需求了，他们都在趁着股市向好的氛围，择机退出股市了。市场中的主要买家消失了，只剩下那些对股市一窍不通的人还在追波踏浪地买进卖出，直到市场中的那些最边缘的人士也已经买进股票的时候，市场中的最后一笔钱也变成了股票、最后的买家也变成了卖家的时候，人们才发现：最后的需求也消失了。市场中所有的钱都变成了股票，市场中只有卖家没有买家，连擦鞋匠都在持股待涨、兜售股票，还有谁会成为买家呢？他们已经找不到买家了。

行情下跌基础已经形成了，只等着某一事物来激活它。偶然的一条消息，人们开始恐慌了，那些感到事情不妙的人开始偷偷卖出股票，之后就是不断地有人卖出，股市开始连续下挫，出现大幅的跌势。没有人愿意在此时大量买入股票。股价开始失去控制，越跌越低，即便是业绩斐然的股票，也因为先前价值的高估而出现了大量的抛盘。股价像洪水一样飞流直下。虽然公司的业绩依然在增长，经济的预期也依然向好，但大量的股票供给者都在低价卖出手中的股票，这直接导致股票价格的持续下挫，并击穿真实的价值区。市场中出现了业绩与股价倒挂的现象，业绩在增长，但股价在下跌。

于是，我们有了另一条教训：当供求关系失衡的时候，股价通常会倾向于表现力量较大的一方，业绩和股价、市场和经济有时候并非同步一致，甚至还会出现倒挂的现象。然而，不久我们又会发现，随着股市的持续下跌，公司的业绩也开始走低，最终这个市场、经济也出现了回落。市场从哪里开始涨的，最后又跌到哪里了。市场与经济就是这样不断地周而复始地循环着，并形成了规律性的变化。

基于市场的涨跌波动，很多投机者发现股票市场与经济总是这样上下交替地变化，并且股票市场通常会提前于经济发生变化，这似乎有迹可寻。于是，人们开始探求如何能够把握、并尝试准确地"预测"这种类似于周期性的变化。

然而事实证明，周期的变化只是一种规律的轮廓和模式，对它无法精准地把握，只能够相互参照，根据现实市场所出现的各种变化，做出合理的判断，并为其寻找到应对当下变化的各种策略，等待市场必然出现的转折点。

换言之，想要根据以往的历史，寻找出一种犹如尺子一般准确的周期模式是不现实的，因为市场中的波动本身就是规律，规律中的最大规律就是涨跌交替的波动。与天气的阴晴圆缺一样，大旱之后必有大雨，大雨之后也必有大旱。这本身就是规律。然而，即使是规律也无法告知我们，大旱多少天之后会有大雨，或大雨多少天之后会有大晴。我们所知道的只不过是这种情况结束之后必然会有出现的一种截然相反的情况而已，但无法知道具体的时间和幅度（程度）。

那么，是不是我们就应该完全放弃追寻规律的足迹，对后市一无所知地蛮干呢？

当然不是，我们需要在规律中寻找征兆，我们需要在大旱之后必有大雨的规律中，寻找预示大旱有可能结束和大雨将至的征兆；在大雨之后必有大晴的规律中，寻找预示大雨结束或大晴开始的征兆。换言之，我们要在投机市场中循着规律的足迹，寻找行情的规律性变化的各种征兆，并通过其以往的历史寻找出规律变化的最大值和最小值，以此作为一个界定该规律的框架标准和范围，并在此标准的指引下，来探求在这一规律主体上的未来行情运行的人致情况（范围），来确定未来即将重新上演的与从前的"历史"相近的变化。

通过上面的解释，我们明白了，原来规律的本身其实就是一种变化的实质，而不是像太阳围绕地球转这样的定式。像水流一样在不断变化的事物，我们只能够指定它的变化实质和和大致的变化范围，而无法确定一个变化的具体标准。

比如，地球上的二十四节气，我们可以说它是规律。但是规律也有例外，到了非洲和澳大利亚一带，二十四节气可能就要改写了。因为到了炎热的非洲，大雪和大寒等节气就完全会失效。这意味着规律变了。如果还按照我们中国的二十四节气进行耕种，肯定会不断出错。

由此我们知道了，规律是有前提和条件的，在不同的地方会有不同的规律，唯一不变的就是规律的本质。

　　我们再进一步来分析一下规律的细节变化，看一看规律中的细节都有哪些不同的变化。

　　我国的二十四节气是最有代表性的气象规律，即，一年中有四大季节，每个季节中包含了三个月，每个月中包含了两个节气，每个节气十五天，每十五天约为两周，每周七天。这样就出现了一个大的节气框架。

　　但是在中国的阴历节气中，我们又会看到，有时候一年是12个月，有时候一年会因为闰月而变成13个月；有时候一年是365天，有时候一年是366天；有时候一个月是28天，有时候一个月是30天；冬天应该是下雪的季节，但也有很多地方会下雨；夏天明明是下雨的季节，但也有很多地方会下雪。同样，有规律的节气中的气温变化也无法统一化。今年气温变暖是3月5日开始，明年气温变暖可能是4月15日开始。

　　由此，我们不得不感叹，多么有代表性的规律啊，可是我们依然无法准确把握每一个时令中的具体变化。我们不知道今年的雨量与明年的雨量是不是相同的，是多还是少；我们也不知道今年夏天的温度与明年夏季的温度相比，是高还是低。我们有上千年的久经考验的时节规律依赖和参照，但对于准确预测时令变化的周期，我们却无能为力。

　　想一想依赖和参照了久经考验的规律，我们依然无法确定明年同一时节的气温会变高，还是会变低；想一想，这么久经考验的规律，竟然无法帮助我们准确预测未来同一时节的具体变化；想一想，投机市场中的那些蹩脚的分析方法，我们又如何能够依赖它们，准确无误地知晓未来价格的走势是高还是低、是涨还是跌呢？

　　由上面的讲解，我们可以知道，不同的事物会有不同的规律，不同的规律也会有不同的变化。并且我们还知道了，我们所谓的规律，只是一种普遍的大部分的现象而已，其中依然具有很大的不确定性。换言之，即便是在经济大萧条的时期，也会有欣欣向荣的行业。规律给我们指明的只是一种变化的架构，一种变化的方向，或者说规律给我们提供了一个事物发展的必然趋势，一种周期变化的循环框架。就像是冬天过去之后是春天，春天过去之后是夏天，夏天过去之后是秋天，秋天过去之后是冬天。

那么，这个时节性规律，在投机市场中，我们如何判断，如何界定呢？

先来看一下下面的两张图，你就会明白投机市场中的"时节"。如图34－1和图34－2所示。

从下面的图34－1中可以看到，我把图中的A点区域标为"过度下跌期应注意买入"，把图中的B点区域标为"市场繁荣期应耐心持有"，把图中的C点区域标为"过度繁荣期应卖出而不是买入"，把图中的d点区域标为"市场下跌期应及时止损，以免被套牢"，把图中的E点区域标为"过度下跌期应注意买入"。

于是，我们知道了，投机市场中的时节分为：A过度下跌时期（熊末牛初）——B市场繁荣时期（牛市阶段）——C过度繁荣时期（牛末熊初）——D市场下跌时期（熊市阶段）这样四个阶段。

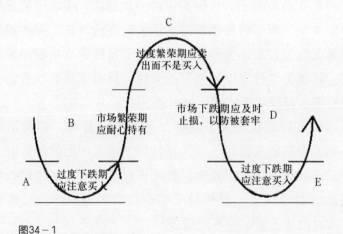

图34－1

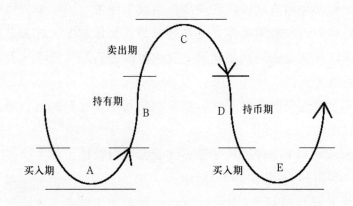

图34－2

那么，在这四个阶段中，我们应该做出什么样的反应呢？或者说在这四个市场时节中，我们应该做些什么呢？看一看图34－2你就会彻底明白了。

在图34－2中，我把图中的A点区域标为"买入期"，把图中的B点区域标为"持有期"，把图中的C点区域标为"卖出期"，把图中的d点区域标为"持币期"，把图中的E点区域标为"买入期"。

由此我们知道了，当股票市场一片狼藉，市场中的悲观情绪特别浓厚，所有的股票都出现了大幅度的下跌，很多股票都被市场低估，甚至还有一些股票跌破了发行价或每股净资产的时候，就属于"过度下跌期"。此时，就是那些喜欢价值投资的投机者选择股票逐步买入的时候。

当很多股票在脱离了底部，不断创出新高，即使出现下跌，也不会跌破先前的低点，并呈现出逐波向上的趋势时，就属于"市场繁荣期"。此时，就是那些喜欢顺势而为的投机者大展拳脚的时候了。但相对于那些先期买进的价值投机者来说，此时则属于耐心持有的阶段。

当行情被那些热情高涨的投机者不断推高，导致大多数股票被市场高估，出现股价虚高的现象时，就属于"过度繁荣期"。这个时期，就是那些成熟的投机者大量卖出股票的时候。因为这个时候的市场很有可能随时下跌，属于风险较高的卖出区域。

当行情已经出现了明显的下跌，并且很多股票的成交量都倾向于收缩，即使股价出现上涨，也无法再创新高，反而一旦下跌却能够创出新低，呈现出一波低于一波的行情走势。此时，就属于"市场下跌期"，是那些成熟的投机者持币观望的时期。在这个时候的买进行为应特别小心。如果买入的仓位出现了亏损，必须及时止损，以免局势不利被市场套牢。

当股价再次跌入谷底，进入过度下跌时期，则又是那些有经验的投机者大量买进的时候。

综合一下上面的规律解释，我们就会知道，即便是让最有经验的气象员用最科学的气象探测技术，也无法准确预测出下雨的雨量、时间和位置，他所能给我们提供的只是一个大致的范围，而不是具体的雨量和时间。所以，企图准确预测出市场变化的周期和行情变化的最高点和最低点，然后全线买进、全线卖出，不费心思地获利，是不靠谱的，也是最不可能的事情。

所以聪明的投机者知道，即便是规律也有例外，即使金融危机到来，依然会有一部分产业会步入黄金时代。规律只是一种大概率的事物，只有顺着规律的变化，应对好目前的事物，这才是投机制胜的关键之举。

记住，规律的作用是为了让我们更好地顺应变化，在熊市的低迷时期大量买进那些低价绩优股，然后耐心等待着必然存在的牛市出现，赚取必然的利润，充分利用规律的必然性变化，这就是聪明的投机者囤积居奇的重要法则。

第35堂课

Lecture 35

大道至简的谬误。

投机市场有两种极端，一种是把简单的事情搞得异常复杂，最后连自己都搞不明白了。致使一些堂而皇之的理由遮盖了事物的本相，导致我们完全忽略了事物的根本。另一种极端是把一些本应复杂一些的事物看得过于简单，将一些粗糙不堪的东西看成是大道至简。

投机市场中的低位买进、高位卖出策略，实际上就是在熊市末期买入，然后在牛市即将结束时卖出，这就是最根本的投机之道。如果所有的人都能够按照这样的投机概念来研究，不断围绕这一问题去探索，大多数人都不会那么辛苦，也不会那么渺茫。

然而，事实却完全与此相反，看看你身边的人，他们都在做些什么？很明显，他们要么就是不顾趋势走向高买低卖，要么就是在牛市中博取短线小利。总之，他们总是在想着法把本应到手的大钱玩成小钱，把只能赚到小钱的交易玩到赔钱。

大多数人都喜欢与真理的指向背道而驰。想一想那些喜欢美酒的酒鬼，他们当然知道喝酒的坏处，但是他们控制不住。然而，我所见过的一个非常能喝酒的人竟然戒酒了，我所见过的还有一个抽烟非常多的人最后戒烟了。我也一样，我喜欢抽烟，并且有时会抽得很多。但出于健康上的考虑，我也戒掉了。虽然偶尔在闷了的时候，还吸上那么几根。但与以前相比，已经不算什么了，可以说，对健康的影响微乎其微。因为最关键的是我现在能够自己控制，我不想吸的时候就可以停止，而不像以往那样抓耳挠腮。

这让我重新认识了烟瘾和酒瘾的问题。我发现，无论是烟瘾还是酒瘾，最关键的就是意识上纵容。换言之，如果你总是想着它，你就总是戒不了。就像酒鬼总是想着酒的香味，怎么可能会戒酒呢？然而，如果你的意识对酒的印象有些淡忘的时候，戒酒基本上就不是什么问题了。

这似乎与投机无关，是吗？

不是，因为投机市场中的大多数投机者都会因为过度短线交易而上瘾，最终变为频繁交易并中邪。他们就像一个酒鬼一样，忘记了交易的初衷和交易的本质。如果每天不交易几次，他们就无法自制。

然而，他们的做法却与成功的需要大相径庭，不断做出一些毁灭自己的事情。所以，他们也只能亏钱不可能赚钱。因为他们不是在交易，而是在过瘾。

通常最让人担忧的就是那些不分青红皂白的短线投机者，他们不断研究各种预测技巧，希望自己能够买在最低点、卖在最高点，并且他们的方法异常复杂。我曾见过的最疯狂的投机者采用了十几个指标相互配合，期望能够精准预测行情的变化。然而，到现在他也没有达成所愿。因为这是不可能的，虽然在理论上他的想法似乎行得通，但实际上他的理念完全偏离了投机的实质。因为他的理论是在追逐波动、预测波动。他在希望自己的工具能够精准预测每一波行情，不放过任何一次机会。

当然，我并不排斥系统性的交易工具，并且我也曾热衷于此。因为那些设计合理的系统性工具，的确可以通过投机者的严格执行带来利润。然而，我不得不说，通常这些系统的设计者具有很强的创造力，但是却并不复杂。不要认为有效的工具其理论就会非常复杂。实际上完全相反，可能看上去，他们在设计的时候会有些出乎意料的繁复，但是他们的操作却是异常简单，且直接有效，因为他们抓住了市场的本质。就像是一部设计复杂的电脑，在使用的时候，会异常简单。

简而言之，大道至简的真正含义是要"直接有效"，或化繁为简，而不是刻意要求的过分化简。但我们有很多投机者却本末倒置，以形式上的简为目的，而不是以直接有效的简为目的。

大羹不合、大智若愚、大音希声、大巧不工等至上的法理，都是大道至简的最高写照。并且也是那些有头脑、有理想的投机者所追求的一种至高无上的境界。因为达到这种境界的投机者，对投机的理解已经到了至深的地步，他们只需要按照自己心中的格林威治线交易就可以了，根本不需要那么复杂地每时每刻不离报价屏，没日没夜地研究行情走势图。

然而，在现实中，我们却看到了与大道至简相背的另一面，大多数人不是刻意忽略现实的需要过分简单，就是在偏离正途过分复杂。

我们先来谈一下技术分析中大道至简的谬误。

在技术分析中，有不少投机者对技术指标的基本常识都还没搞明白，就东施西效地大道至简。他们通常会刻意采用一根均线来体现自己的"大道至简"。换言之，他们忽略了效果而一味追求形式上的"至简"。他们以为，只有采用那一条简单的均线的技术派投机者，才是真正能够将交易"至简"的高手，所以他们喜欢呼吁"一根均线走天下"或"一把尺子走天下"。我不得不说他们的方向走偏了，他们不是在投机，而是在玩杂耍。因为，投机是一项极需完整技能和超凡耐心的行业。如果你不明投机交易的大道，你就根本无法至简，不明投机的大理，至简就是迂腐而粗浅。因为你忽略了入市的初衷。大道至简并不是在说工具一定要简单，其意是指方法上的直接有效，实用至上，而不是至简至上。因为如果你的工具效果足够好的话，不应刻意排斥复杂。劳斯莱斯汽车的制造工艺异常复杂，但乘坐舒适，豪华气派。如果我们还在把握大道至简的话，那我们只需要最基本的四个轮子和两排沙发就足够了。所以，投机者必须明白，大道至简的根本在于理念上的至简，而不是形式上的至简。换言之，最简单的理念也就是最根本的理念，最根本的理念也就是整个事物的精华部分。所以，你要善于抓住事物的根本，这样自然就会简单、直接、有效，而不是虚有其表的形式上的粗陋。所以，只有形而无质，至简就是粗陋；有了质而无形，粗陋也是至简。

所以，在实际交易中，投机者不要过分追求简单，不要刻意追求简单，一切都应该符合事物本身所需要的自然条件和根本性质为准。如果舍弃事物发展的所需条件和本质，刻意去追求过度的简单，这样你就会被简所制，而远离事物的本质。

所以，只有掌握了事物万变不离其宗的本质，才算是有大智；只有掌握了做一切事物的至高无上的方法，才算是得大道。这需要投机者不遗余力地去研究投机的各种要则和技巧，就像是你要改造一台发动机，你不但需要很多繁杂的动力知识作基础，还需要对机器本身的运作有着较深的理解，之后，才能够提出一个简单而切中要害的创新和改良的方案，让机器的运作效率更高。

换言之，大道至简需要有一个由简入繁，然后再化繁为简的过程。因为初期的由简入繁是一个由无知到掌握众多知识的过程；而之后的化繁为简，则是对已经能够熟练掌握了的各种技能和知识的内化，并因内化而让所有的技能和知识，变成了一种意识上的行为，是在原先技能上的提高，虽然看起来无迹可循，没有任何规则和模式，但每一步、每一处都来自于规则。

所以，在初期学习投机的时候，投机者必须从规则到技能系统地学习，这时候你会发现你所学的各种交易技巧几乎无用，在现实交易当中依然会与你的期望相去甚远。有时你会感到信心全无，怎么学了这么长时间的交易规则和交易方法，我的利润依然不见上涨，甚至还会出现亏损。在这个时候，通常那些没有耐心和毅力的投机者会怀疑规则，甚至否定规则，最终抛弃规则。

然而，如果你是一名好学又聪明的投机者，你就会知道，学习投机就像学习打篮球一样，规则是规则，技能是技能。规则不可不知，因为规则是你防范风险的铠甲，规则可以保证你的技能得到更加充分的发挥，确保你的所有行为都符合时宜，不会犯原则上的错误，降低你出错的几率，削弱市场中那些神出鬼没的风险对你的打击。但规则并不能取代技能，知道了规则并不代表掌握了技能，技能是练出来的，它需要你不断地练习，不断地思考，才能掌握。我从来就没看到过一个优秀的篮球运动员只掌握规则而不练习投篮的；我也没见到一个篮球运动员不练习投篮技巧就能够投准篮筐的；我更没看到一个篮球运动员在投不进球的时候会埋怨投球规则不好和教练教的不对。

所以，初期的学习必须循序渐进。你先要一招一招地学习、练习，在掌握那些静态的规则和动作之后，才能够进一步学习动态的攻守技能，并以此来提高你的应对能力。

因为，在实际交易当中，你必须根据市场的变化随机应变，不受套路和规则的限制。因为实际变化不会按照你所学的知识中的系统架构"设计未来发展"。然而，这并不意味着你先前所学所练的那些死板的招数和技巧无用。恰恰相反，它们能够在你慌乱无助的时候给你提供足够的"参考意见"，让你的大脑不再像一开始那样因无知识而一片空白，找不到一点解决问题的办法。所以，它们不但能够提高你的应变能力，让你瞬间找到正确的应对方法，还能够帮助你产生应对变化的感知力，提高你对市场变化的认知能力。

试想一下，没有先前的所学，你如何能够知道所买进的股票一旦下跌了怎么办？没有先前的所学，你如何能够知道在什么时候才是买入和卖出的最佳时机？没有先前的所学，你如何能够把握正确的投机思路，并进一步完善和提高？

所以，当你真的能够面对市场中的变化应对自如的时候，你会发现你自己并没有刻意去想你先前所学的各种技能和规则，但你在无意识中不但能够遵循规则，还能够在瞬间找到正确的应对方法。虽然你的所有反应没有规律可循，但你所运用的所有技巧和招数都已包含在你先前的套路和规则之中。你没有套路，没有规则，却招招出自于套路，来自于规则。即：你已经到了无意识的境界，在行情的变化面前，你已经无需努力思考了。你所依赖的完全是一种下意识的反应，即便是你依然在大多数时间里还在思考，但你思考的本质变了，你目前思考的是事物的来龙去脉，并以此来审视自己的行为和先前的决定，并能够提前确定正确的应对策略。而不是像先前那样，在风险袭来之时努力思考怎么办的问题。

换言之，你现在思考的全是一些长远的问题，而不是先前的那些应知道而不知道的问题。同样是思考，但现在的你无论市场怎么变化，你都可以准确找到应对的策略；而先前的你无论涨跌，你都不知道怎么作。这就是本质的变化。

这时候，你的所有交易都不再根据自己的兴趣偏好、主观上的感觉以及情感上的感受做出决定，而是一种顺应事物本身变化规律的无为而治，即顺其自然的治，没有确定的形式，没有固定的模式，没有规矩可寻，一切都是根据目前的市场变化，做出正确而长远的决定，不需要过度的思考。此时的你已经可以"无法"、"无形"地应对市场中的所有变化了，达到了大道至简的"空无"境界了，眼中空无一物，但心中自有乾坤，这才是投机交易的最高境界。即：这时候的你不是用眼睛来交易，而是用心来交易，并且很多时候你根本就不看指标，指标在你的行情显示器上只是个摆设。因为，你深谙行情走势图中的各种形态、信号的含义和原理。所以仅仅通过股价本身的走势，你就能够知道这个股票的大致收益情况和基本面情况，以及其相对应的各种技术指标会有什么样的变化，是出现顶背离，还是底背离？或者是超买了，还是超卖了？……

换言之，你根本就用不着看指标。在你的心里，有你自己心中的格林威治线，这可不是一根均线或一把尺子就能够达到的至简效果。

记住，以规则为原则但目的却是为了最终打破规则，将繁杂变成简单，让你能够既轻松又自如地交易，进入自由简单的交易大门。然而，没有天分就不能有较高的造诣，但有天分不扎实，跟没有天分没什么区别。学习投机就像考大学一样，同样的学校，同样的课本，同样的老师，但不是每个人都可以考上大学的。关键是，你要对投机执着，并不遗余力地追求真理、笃信真理，这样你才能够舍弃那些违背交易之道的谬论杂质，最终将真理内化到你所有的交易行为之中，让自己的每一个行为都自然而然符合真理的指引，让自己的所有行为都符合逻辑，而不是摸不着头绪，自己都不知道自己是在干什么。谨记，要先自律，之后才能自由。

第36堂课
Lecture 36

不要把利空当成利好，也不要把利好当成利空。

对市场知识的缺乏，会导致人们将坏事当成好事，将好事当成坏事。

在我国投机市场中，人们通常会把利好理解成利空，把利空理解成利好。最具代表性的市场谬论就是"利好出尽是利空，利空出尽是利好"。可以说这些理论完全是一些对经济一窍不通的人在胡言乱语。更有甚者还能够把银行加息当成是利好，当成是买入股票的时机。

在本书的结尾，我就要驳斥那些与经济政策背道而驰的市场谬论，还给投机者一个正确而清晰的政策理念。

首先，我们要知道，证券市场中的流动总股本、流动总资金、流动总市值之间的关系非常重要。市场流动总股本决定流动的股票总数量（流动的股票有多少）；市场流动总资金则决定购买股票的流动资金有多少（市场内和市场外的流动资金有多少）；市场流动总市值决定市场中流动股票的总价值（一共有多少钱的流动股票，它代表市场目前流动待售股票的总价值）；它们的比值决定着股票的价格高低以及指数涨跌幅度的高和低，即：市场泡沫的大小。

明确来说，那就是如果证券市场的流动总股本太小，流动待售股票的市场总市值较低，而市场中的流动资金又太大，需求大于供给。那么股价就必然会被抬高，市场泡沫就不可避免产生。因为购买股票的人太多了，他们只有不断地加价才能够买到股票，而那些持有股票的人也只有有了赚头，才会乐意卖出股票。并且市场中流动的资金越多，说明需要股票的人越多，这样，大量的资金不断涌向投机市场，就会导致很多股票脱离其实际价值，导致市场泡沫越来越大，甚至引发通货膨胀。

为了避免这种情况愈演愈烈，此时最好的办法就是提高利率，让部分资金回归银行或分流到其他投资渠道，以降低投机对股票的需求。因为市场总资金反映的是市场的热度，过热的市场必将产生过大的泡沫。所以，用收紧银根、提高利息和准备金率等方法，将市场中的资金逐步回笼进银行，就是抑制股市和经济过热的重要杠杆。

反之，如果市场总股本太大，市场总市值就会相对偏高，市场可供给的流动资金小于市场流动总市值的时候，那么市场就会低迷，失去流动性。因为市场总资金太少，远小于市场总市值，这就说明购买股票的人要少于卖出股票的人，或者说，投机者购买股票的意愿并不强烈，卖出方只有出更低的价格才会有人愿意买入，这样股价（指数）就会不断下跌，一直到市场总市值与市场总资金对接、市场总资金逐渐大于市场总市值为止。

这意味着，无论市场总股本大小，只要市场流动总资金大于市场流动总市值，那么市场指数就必定上涨；反之，无论市场总股本大小，只要市场流动总资金小于市场流动总市值，市场就必定下跌。即：无论市场是高估还是低估，只要流动需求大于流动供给，股价就会上涨；只要流动需求小于流动供给，股价就下跌。由此可见，股票市场仍是供求关系的主体。如图36－1所示。

由下图我们不难看出，市场的上涨，必须依赖求大于供的

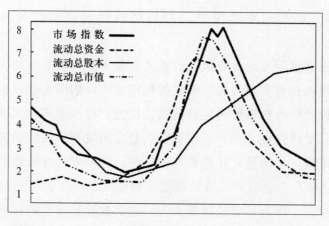

图36－1

市场局面，要做到求大于供，目前较为有效的途径主要有
四条：

1．控制股票市场的总股本，通过缩股和削减新股发行等
方法来抑制总股本的扩张，降低市场流通总市值和总股本。

2．扩大股票需求，放宽购买途径，引进更多的外部资
金，促使市场总资金大于市场流通总市值。

3．抑制国债、期权、债券等其他市场衍生产品的扩张，
缩减其他投资渠道，回笼市场资金。

4．降低利率和税率，增强资金流动性、刺激经济市场的
发展。

反之如果要使市场下跌，降低泡沫，那就必须要做到供大
于求，其方法则相反。

1．扩大股票市场的总股本，通过发行新股和配股等方法
扩大总股本（扩容），来提高市场流通总市值和总股本。

2．缩减股票需求，收缩购买途径，抑制更多的外部资金
流入，促使市场总资金小于市场流通总市值。

3．增强国债、期权、债券等其他市场衍生产品的扩张力
度，提供更多的投资渠道，分流股票市场的资金。

4．提高利率和税率，抑制市场资金流动过剩和通货膨胀。

但这里面无论是收缩还是扩大总股本和市场总市值，都有一个规模和力度的问题，收缩的规模太大，购买途径过宽，就会导致股票的价格普遍脱离其真正价值，形成非理性上涨，投资就会变成投机，不利于市场长久稳定的发展。收缩的规模太小，作用也不明显，或延长其作用期，这样容易导致政府决策部门不断出台新政策，导致政策集聚效应。

相反，市场扩容的规模太大，购买途径狭窄，则必将因为市场资金的短缺，导致股价和指数下跌，并会因为先前的过分扩容，导致市场低迷，人气难以聚拢，也不利于市场的健康发展。简而言之，市场总股本太小，股票的总市值较低，市场流动资金太多，就会因为求大于供，导致股价高高在上；市场总股本太大，股票总市值偏高，市场流动资金太少，就会因为供大于求，导致很多股票的股价难以体现公司的真正价值。

然而，在实际当中，因为这些政策的调控和力度与市场运行的力度并不相符，就会导致政策的影响不够明显。于是我们通常会看到，当市场极度低迷的时候，政府往往会发布一些有利于股市的政策，例如，放松银根、降低利率等措施，试图刺激市场的复苏，但是市场似乎并不买账，依然持续着下跌的走势。然而，很多人就会在这个时候错误地认为，放松银根和降低利率等政策，属于利空消息。相反，当市场极度亢奋的时候，政府往往会发布一些不利于股市的政策，例如，收紧银根、提高利率等措施，试图冷却市场的热情，但是市场依然会持续上涨。于是，很多人就会在这个时候错误地认为，收紧银根和提高利率等政策，属于利好消息，因为这些政策颁布之后，市场还在上涨。有人甚至还归纳出"利空出尽是利好，利好出尽是利空"这样荒谬的说法。我不得不说，这简直就是误人子弟。我从来就没听说过一个人得了病，进了医院之后，吃一次药就会好的。投机者必须知道，提振低迷的市场和抑制过热的市场就像是给市场治病，不是一针就能见效的，而需要慢慢见效，逐渐康复。如果政策总是能够一针见效，那股市岂不是像玩杂耍的小丑抛出的球一样，说上就上，说下就下？

所以投机者应该知道，任何政策都要有一个产生效果和积累效用的周期，就像你吃下的一粒感冒药，需要一个消化吸收的过程，药量够不够、能不能减轻病症，需要再看一看，观察观察。我想你一定不会刚刚吃下感冒药，就围着医生嚷嚷道："你给我开的药不好使，你看我的感冒还没好，我还在发烧。"同样，我也相信，你也决不会为了让感冒快点好，就一次吃掉100粒感冒药。

所以，我们必须正确理解政策的作用和方向，不要胡乱否定，也不要胡乱肯定。正确的方法是，当政府出台了加息政策时，说明经济过热，政府有意抑制过热的经济。如果股市正处于上涨的牛市中，你就必须提高警惕，因为在这个时候，银行要从股市中抽血了，这样，市场中的资金就会逐步减少。如果一段时间之后，市场中的热度还没有降下来，股市依然持续上涨，那么政府就会再次提高利率，继续从市场中抽血，直到市场稳定为止。

相反，当政府出台了降息政策时，说明经济低迷，政府有意提振过冷的经济。如果股市正处于下跌的熊市中，你就必须留意市场走势，因为在这个时候，政府要向股市中输血了，这样，市场中的资金就会逐步增多。如果一段时间之后，市场依然低迷，股价持续下跌，那么政府就会再次降低利率，放松银根，继续向市场中输血，直到市场维稳。

我们还是用一个实实在在的例子来说明一下吧，这样更有说服力。

1987年，美联储主席沃尔克退休之后，里根总统便任命格林斯潘为继任者。

但是就在格林斯潘上任之后的两个月，就遇上了1987年10月19日美国股市的"黑色星期一"，道琼斯指数在开盘后3个小时内，狂跌508.32点，创下了史无前例的纪录，5000多亿美元灰飞烟灭，仿佛世界末日突然降临。然而格林斯潘冷静出招，他当时开出的药方是放松银根，中止股市继续恶性发展，并命令美联储在星期二交易开始前50分钟发表一个一句话的声明："作为这个国家的中央银行，联储遵从自己的责任，已经决定准备起到清偿力来源的作用，以支持经济和金融体系。"这个声明简单地表明美联储将暂时放弃信贷紧缩政策，倾其所能向银行系统"紧急输血"，以确保银行信誉。就这样，格林斯潘稳稳地拨正美国这艘大船的航向，让美国渡过了险象环生的80年代。

然而，到了90年代，美国又出现了前所未有的经济大繁荣，经济连续9年持续增长，而且失业率和通胀率实现了双低，美国人正享受着二战以来"最灿烂的阳光"。为了防止经济过热引发通货膨胀，1994年他一次接一次地提高利率；反之，在1998年的全球金融危机中，他又三次削减利率，最终遏制住危机蔓延的势头，使得美国经济得以平安"软着陆"。这一次次的辉煌也使得格林斯潘被煤体称为"金融之神"。

格林斯潘的思路说起来很简单：当各项指标显示经济发展过热时，他就做出调高利率的举措和暗示，为发烫的市场降降温；反之，当各项指标显示经济发展过冷时，他就做出调底利率的举措和暗示，为疲软的市场煽煽火，使经济永远保持平稳的发展状态。

通过上面的各项讲述，我们知道了市场中相应的政策通常代表着市场中相应的状况，不明就里地将利空当成利好，将利好当成利空，将会导致你错误地理解政策导向信号，做出错误的判断。

"引领时代"金融投资系列书目

书　名	作　者	译　者	定　价
世界交易经典译丛			
我如何以交易为生	〔美〕加里·史密斯	张　轶	42.00元
华尔街40年投机和冒险	〔美〕理查德·D.威科夫	蒋少华、代玉簪	39.00元
非赌博式交易	〔美〕马塞尔·林克	沈阳格微翻译服务中心	45.00元
一个交易者的资金管理系统	〔美〕班尼特·A.麦克道尔	张　轶	36.00元
非波纳奇交易	〔美〕卡罗琳·伯罗登	沈阳格微翻译服务中心	42.00元
顶级交易的三大技巧	〔美〕汉克·普鲁登	张　轶	42.00元
以趋势交易为生	〔美〕托马斯·K.卡尔	张　轶	38.00元
超越技术分析	〔美〕图莎尔·钱德	罗光海	55.00元
商品期货市场的交易时机	〔美〕科林·亚历山大	郭洪钧、关慧——海通期货研究所	42.00元
技术分析解密	〔美〕康斯坦丝·布朗	沈阳格微翻译服务中心	38.00元
日内交易策略	〔英、新、澳〕戴维·班尼特	张意忠	33.00元
马伯金融市场操作艺术	〔英〕布莱恩·马伯	吴　楠	52.00元
交易风险管理	〔美〕肯尼思·L.格兰特	蒋少华、代玉簪	45.00元
非同寻常的大众幻想与全民疯狂	〔英〕查尔斯·麦基	黄惠兰、邹林华	58.00元
高胜算交易策略	〔美〕罗伯特·C.迈纳	张意忠	48.00元
每日交易心理训练	〔美〕布里特·N.斯蒂恩博格	沈阳格微翻译服务中心	53.00元
逻辑交易者	〔美〕马克·费舍尔	朴　兮	45.00元
市场交易策略	〔美〕戴若·顾比	罗光海	48.00元
股票即日交易的真相	〔美〕乔希·迪皮特罗	罗光海	36.00元
形态交易精要	〔美〕拉里·派斯温托、莱斯莉·久弗拉斯	张意忠	38.00元
战胜金融期货市场	〔美〕阿特·柯林斯	张　轶	53.00元

国内原创精品系列			
如何选择超级黑马	冷风树	——	48.00元
散户法宝	陈立辉	——	38.00元
庄家克星（修订第2版）	童牧野	——	48.00元
老鼠戏猫	姚茂敦	——	35.00元
一阳锁套利及投机技巧	一 阳	——	32.00元
短线看量技巧	一 阳	——	35.00元
对称理论的实战法则	冷风树	——	42.00元
金牌交易员操盘教程	冷风树	——	48.00元
黑马股走势规律与操盘技巧	韩永生	——	38.00元
万法归宗	陈立辉	——	40.00元
我把股市当战场（修订第2版）	童牧野	——	38.00元
金牌交易员的36堂课	冷风树	——	42.00元
零成本股票播种术	陈拥军	——	36.00元
降龙伏虎	周家勋、周涛	——	48.00元
金牌交易员的交易系统	冷风树	——	42.00元
金牌交易员多空法则	冷风树	——	42.00元

更方便的购书方式：

方法一：登录网站http://www.zhipinbook.com联系我们；

方法二：登录我公司淘宝店铺（http://zpsyts.mall.taobao.com）直接购买；

方法三：可直接邮政汇款至：北京朝阳区水碓子东路22号团圆居D座101室

　　　　收款人：白剑峰　　　　邮编：100026

注：如果您采用邮购方式订购，请务必附上您的详细地址、邮编、电话、收货人及所订书目等信息，款到发书。我们将在邮局以印刷品的方式发货，免邮费，如需挂号每单另付3元，发货7-15日可到。

请咨询电话：010-85962030 （9：00-17：30，周日休息）

网站链接：http://www.zhipinbook.com

智品書業
ZHIPIN BOOKS